Hans J. Nicolini

# Kostenrechnung für Sozialberufe

Hans J. Nicolini

# Kostenrechnung für Sozialberufe

**VS VERLAG** FÜR SOZIALWISSENSCHAFTEN

Bibliografische Information Der Deutschen Bibliothek
Die Deutsche Bibliothek verzeichnet diese Publikation in der Deutschen Nationalbibliografie;
detaillierte bibliografische Daten sind im Internet über <http://dnb.ddb.de> abrufbar.

1. Auflage September 2005

Alle Rechte vorbehalten
© VS Verlag für Sozialwissenschaften/GWV Fachverlage GmbH, Wiesbaden 2005

Lektorat: Stefanie Laux

Der VS Verlag für Sozialwissenschaften ist ein Unternehmen von Springer Science+Business Media.
www.vs-verlag.de

Umschlaggestaltung: KünkelLopka Medienentwicklung, Heidelberg

Gedruckt auf säurefreiem und chlorfrei gebleichtem Papier

ISBN-13:978-3-531-14600-3          e-ISBN-13:978-3-322-80727-4
DOI: 10.1007/978-3-322-80727-4

# Vorwort

In sozialen Organisationen und Einrichtungen besteht mehr und mehr das Erfordernis, die erbrachten Leistungen auch unter wirtschaftlichen Aspekten zu rechtfertigen. Dabei kann auf die Erkenntnisse der Allgemeinen Betriebswirtschaftslehre zurückgegriffen werden.

Mit Hilfe der Kostenrechnung werden traditionell die Kosten eines gewinnorientierten Unternehmens erfasst. Wenn sie den bewerteten Leistungen gegenübergestellt werden, erhält man eine Information über den Erfolg. Die Betriebswirtschaftslehre hat ein umfangreiches Instrumentarium entwickelt, das die Unternehmensleitung in ihren Entscheidungen unterstützt.

In der kaufmännischen Ausbildung aller Ebenen werden die Kenntnisse darüber selbstverständlich vermittelt In den Bereichen allerdings, die keine Gewinnmaximierung verfolgen, sind diese Kenntnisse wenig verbreitet. Die Personen, die in Sozialeinrichtungen, Jugendeinrichtungen, Praxen und Kliniken und vielen Bereichen des Öffentlichen Dienstes arbeiten, hatten sich ganz bewusst dafür entschieden, sich schwerpunktmäßig eben nicht mit Zahlen zu beschäftigen.

Hier soll für diejenigen, die sich bisher nicht systematisch darüber informieren konnten, ein Überblick gegeben werden über die Instrumente, die die Kosten- und Leitungsrechnung zur Verfügung stellt. Der Unterschied gegenüber allgemeinen Darstellungen liegt in der Spezialisierung und Beschränkung:

- Vorkenntnisse werden nicht vorausgesetzt. Deshalb werden Fachbegriffe erklärt oder zumindest über einen Verweis eine Erläuterung angeboten.
- Die Themen orientieren sich an den notwendigen Kenntnissen für die Anwendung in Non-Profit-Unternehmen, insbesondere aus dem sozialen Bereich. Das bedeutet einerseits eine thematische Einschränkung und zudem den Verzicht auf die Darstellung von Varianten und besonderen Schwierigkeiten. Die Ansätze werden in ihrer grundsätzlichen Problematik dargestellt, ohne theoretische Feinheiten zu erörtern.
- Die Beispiele sind den Arbeitsbereichen der angesprochenen Zielgruppe entnommen.
- Zu "Controlling" und "Investitionsrechnung" erfolgt eine Einführung. Diese beiden Bereiche gelten zwar traditionell nicht als Teil der Kostenrechnung, runden aber das Thema für die Leser ab.
- Zur Unterstützung der weiteren Beschäftigung mit der Kostenrechnung wird auf zahlreiche Internet-Adressen hingewiesen. Der Vorteil liegt im günstigen, schnellen und unkomplizierten Zugang zu den Informationen. Ein Nachteil ist sicher darin zu sehen, dass sich Inhalte und Gestaltung der Sei-

ten ändern können. Auch neue Seiten entstehen permanent, die ähnliche und dann vielleicht sogar bessere Informationen enthalten.

- Bei den schriftlichen Quellen erfolgt im Allgemeinen eine Beschränkung auf einführende und Grundlegende Darstellungen. Sie sind in der Regel leicht zu beschaffen und allgemeinverständlich verfasst.

Kritische Hinweise der Leserinnen und Leser sind ausdrücklich erwünscht.

August 2005
Hans J. Nicolini

# 1 Einleitung

Grundkenntnisse der Kostenrechnung werden neben den eher traditionellen Fähigkeiten und Fertigkeiten, die selbstverständlich die Kernkompetenz bilden müssen, auch in vielen Berufsfeldern aus dem sozialen Bereich künftig zu den Qualifikationen gehören, die selbstverständlich erwartet werden und erwartet werden können. Im Zuge einer stärkeren Orientierung von Einrichtungen an wirtschaftlichen Zielen werden betriebswirtschaftliche Daten zunehmend bedeutend. Rechtfertigung gegenüber Eigentümern und Zuschussgebern, nicht zuletzt aber auch die Möglichkeit der notwendigen gleichberechtigten Diskussion erfordern dieses Wissen.

Es verwundert nicht, dass in Zeiten knapper Kassen danach gefragt wird,

- ob die gleichen Leistungen wie bisher mit geringerem Input erbracht werden können, so dass zwar die Kosten sinken, für die Nutzer aber kein Unterschied festzustellen ist.
- ob es einen vertretbaren Rahmen gibt, in dem die Leistungen reduziert werden können, ohne den damit verbundenen Anspruch aufgeben zu müssen.
- ob es vertretbar erscheint, deutlich zu machen, dass es einen Markt mit Angebot und Nachfrage gibt mit der Konsequenz, dass für die erbrachten Leistungen auch ein angemessener Preis verlangt werden kann.
- ob die Leistungen nicht mehr in öffentlicher Verantwortung erbracht werden müssen, sondern privatisiert werden können.

Egal, welchen Überlegungen gefolgt wird, um zu einer sinnvollen Antwort zu gelangen, ist zwingend notwendig, die Kosten der jeweiligen Leistung festzustellen.

Dies ist für viele Entscheidungsträger eine neue Situation, denn weder in der Ausbildung noch in der oft langjährigen Praxis hat die Notwendigkeit bestanden, sich mit der Optimierung der betriebswirtschaftlichen Prozesse zu beschäftigen. Es ist wohl nicht falsch, dass dabei wirtschaftliche Überlegungen oftmals eine eher untergeordnete Rolle spielten.

Diejenigen, die die finanziellen Mittel für Einrichtungen und Projekte, für die umfangreiche Arbeit beispielsweise der Kommunen und der Freien Träger zur Verfügung stellen, verlangen Informationen über die Verwendung der eingesetzten Mittel. Spätestens an diesem Punkt wird es notwendig – und wird es wohl in Zukunft noch notwendiger werden - auf die Einflüsse und Forderungen der Wettbewerbsgesellschaft zu reagieren und deren Forderungen eigene sinnvolle Entwürfe entgegenzusetzen. Das wird aber nur möglich sein, wenn deren Mechanismen nicht nur bekannt sind, sondern auch souverän eingesetzt werden können.

Wer einen übergebührlichen Einfluss ökonomischer Forderungen und Einflussnahmen vermeiden will, muss die Grundlagen betriebswirtschaftlicher Prinzipien kennen und sie auch anwenden können. Anders als in manchen anderen Wissenschaften wird man in aller Regel unterschiedliche Lösungen für eine Problemstellung finden können. Die Betriebswirtschaftslehre[1] ist kein Regelkatalog, sondern stellt mögliche Antworten bereit, unter denen diejenige auszuwählen ist, die für die Zielerreichung möglichst optimal ist.

Wer aber weiß, dass bei vielen konkreten Fragestellungen mehrere Lösungsansätze richtig sein können, wird leichter eigene Grundsätze und Interessen vertreten und durchsetzen können. Weisungen von übergeordneten Ebenen können eigene Überlegungen entgegengesetzt werden, die Abhängigkeit von dem tatsächlichen oder scheinbaren Fachwissen kann aufgehoben oder zumindest deutlich verringert werden. Und wer weiß, dass hinter ökonomischen Ansätzen nicht selten interessengeleitete Überlegungen stehen, wird betriebswirtschaftliche Kenntnisse als Mittel zur Emanzipation von sach- und fachfremden Einflüssen verstehen können. Dazu ist kein betriebswirtschaftliches Zweitstudium notwenig, wohl aber die Einsicht in die Zusammenhänge und grundlegende Kenntnisse der Instrumente, die von der klassischen Betriebswirtschaftslehre zu Verfügung gestellt werden.

Die Darstellung erfolgt für eine wirtschaftende Einheit, die Güter und Leistungen für Dritte erstellt. Bei Betrachtung der technisch-wirtschaftlichen Seite wird im Allgemeinen von "Betrieb" gesprochen, bei einem Schwerpunkt auf dem juristisch-finanziellen Aspekt von "Unternehmen". Die Begriffe sind also gleichbedeutend, nur der Blickwinkel ist ein anderer.

Als "Produkt" werden hier alle materiellen und immateriellen Leistungen bezeichnet. Es kann sich um ein Erzeugnis oder um ein Ergebnis des Produktionsprozesses handeln. Der Besuch einer Kindergartengruppe im Zoo ist in diesem Sinne ebenso ein Produkt wie ein Platz in einem Seniorenheim oder eine Suppe von "Essen auf Rädern".

---

[1] Eine umfassende Darstellung z.B. bei Wöhe, G., Einführung in die allgemeine Betriebswirtschaftslehre, 21. Aufl., München 2002

## 2    Rechnungswesen

Unter dem Bergriff "Rechnungswesen" wird ein System zur Ermittlung, Darstellung und Auswertung aller betrieblicher Zahlen verstanden, mit dem alle im Betrieb auftretenden Geld- und Güterströme[2] erfasst und zugerechnet werden, soweit sie durch die betriebliche Leistungserstellung und -verwertung hervorgerufen werden. Es gibt Auskunft über gegenwärtige und zukünftige Beziehungen zu anderen Wirtschaftssubjekten wie Kunden und Lieferanten, Gläubigern und Schuldnern, Fiskus und vielen anderen.

Mängel im innerbetrieblichen Rechnungswesen gelten als eine der hauptsächlichen Insolvenzursachen. Der stetige Wandel des Umfeldes -z:B. technische Neuerungen und verkürzte Lebenszyklen von Produkten- zwingt zu einer permanenten Überprüfung und Neustrukturierung des Rechnungswesens[3].

Seine Aufgabe besteht in der Vermittlung von Informationen über die wirtschaftliche Lage. Sie erstreckt sich konkret auf

- die Ermittlung von Beständen, z.B. Materialvorräten
- die Feststellung von Bestandsveränderungen, z.B. bei den Forderungen
- die Feststellung des Erfolges, z.B. durch Ermittlung des Aufwandes und Ertrages einer Periode
- Identifizierung defizitärer Bereiche
- die Ermittlung der Selbstkosten
- die Überprüfung des Leistungsangebotes
- die Ermöglichung von Betriebsvergleichen
- die Rechenschaftslegung, z.B. gegenüber Eigentümern, Gläubigern, Mitarbeitern und der interessierten Öffentlichkeit

So werden vielfältige Informationen nach zweckgerichteten Gesichtspunkten für interne und externe Zwecke zur Verfügung gestellt. Die Kostenrechnung ist eines der Instrumente, zur Überprüfung der Zielerreichung.

Den Aufgaben entsprechend ist das Rechnungswesen klassisch in vier Teilbereiche gegliedert, die auf die gleichen Informationen zugreifen können und die miteinander in Verbindung stehen:

- Finanzbuchhaltung und Jahresabschluss
- Kosten- und Leistungsrechnung
- Statistik
- Planungsrechnung

In neueren Darstellungen wird das Rechnungswesen als Teil des gesamten Informationssystems des Unternehmens verstanden, das die notwendigen Grundla-

---

[2] "Güter" können auch immaterielle Leistungen sein, z.B. Beratung, Versicherungen, Rechte
[3] Vgl. Hofmann, I., Kostenrechnung "light", www. voegb.at/bildungsangebote/skripten/wrm/WRM-10.pd

gen liefert zur zweckmäßigen Lösung von Planungs-, Steuerungs- und Entscheidungsproblemen. Das Rechnungswesen übernimmt eine Servicefunktion.

Die Kostenrechnung als Teil des betrieblichen Rechnungswesens kann damit ebenfalls als Teil eines umfassenderen Informationssystems verstanden werden, in dem sie aufgrund der grundlegenden Erfassung, Verteilung und Zurechnung entsprechend den im Unternehmen relevanten Funktionen eine zentrale Stellung einnimmt.

Ihre Ergebnisse können für Zeitvergleiche und für zwischenbetriebliche Vergleiche sinnvoll sein und zu Anregungen für mögliche oder notwendige Verbesserungen führen. Wenn die Kosten- und Leistungsbeziehungen von Anfang an möglichst genau dargestellt werden, so ist eine Fortschreibung möglich, um in einer ständigen Veränderungen unterliegenden Umwelt Mehrfacherfassungen zu vermeiden.

Neben den hier im Mittelpunkt stehenden Überlegungen zur Kostenrechnung für interne Informationszwecke dient sie auch zur Unterstützung anderer Rechnungen für externe Interessenten:

- Handels- und steuerrechtliche Vorschriften verlangen die Feststellung der Herstellungskosten fertiger und unfertiger Erzeugnisse.
- Bei Verhandlungen mit Kreditgebern kann die Kostenrechnung einer wirksamen Unterstützung der Argumentation dienen.
- Bei Versicherungsleistungen zur Schadenregulierung kann auf Daten der Kostenrechnung zurückgegriffen werden.

Schließlich trägt die Kostenrechung auch intern dazu bei, das Bewusstsein für die Kostenverantwortung bei allen Beteiligten zu erhöhen. Erst durch die Transparenz aufgrund der festgestellten Ergebnisse und Zusammenhänge wird die Bedeutung von Entscheidungen für jeden einzelnen erkennbar.

## 2.1 Externes und internes Rechnungswesen

Die Aufteilung in ein internes und ein externes Rechnungswesen ist begründet in den Zielen, die mit den Informationen verfolgt werden, die durch das Rechnungswesen einer Organisation ihren Entscheidern zur Verfügung gestellt werden.

Der Teil des Rechnungswesens, der sich an Interessenten richtet, die der Organisation selbst nicht angehören, ist zu deren Schutz besonders geregelt. Diese Zahlen aus dem Rechnungswesen werden für unterschiedlichste Zwecke benötigt und genutzt. Der wichtigste ist wohl die Unterrichtung der Finanzverwaltung, andere Nutzer sind zum Beispiel Verbände, Anteilseigner, Kreditgeber, Lieferanten und Kunden. Sie alle haben ein Interesse daran zu erfahren, wie die Ergebnisse der Rechnungslegung ausgefallen sind.

14

Sie alle haben nicht die Möglichkeit einer detaillierten Überprüfung der Zahlen, die ihnen zur Verfügung stehen. Deshalb unterliegt das externe Rechnungswesen, dessen wichtigster Bereich klassisch als "Finanzbuchhaltung" bezeichnet wird, weitgehenden rechtlichen Regelungen. Vor allem die wichtigste Aufgabe, die Erstellung des Jahresabschlusses[4] , ist sehr genau gesetzlich geregelt. Es greifen die komplexen handelsrechtlichen und steuerrechtlichen Vorschriften, die je nach Rechtsform und Größe teilweise unterschiedlich sind, aber dem externen Interessenten zumindest eine relative Sicherheit für die Beurteilung des Ergebnisses geben können.[5]

Trotz der zahlreichen Wahlrechte, die sowohl die Steuergesetze als auch die handelsrechtlichen Vorschriften zulassen, weiß der externe Analyst dadurch, wie ein Abschluss entstanden ist. Da ihm die legalen Gestaltungsmöglichkeiten bekannt sind, ist auch die Beurteilung eines Ergebnisses - wenn auch mit gewisser Unsicherheit - durchaus möglich.

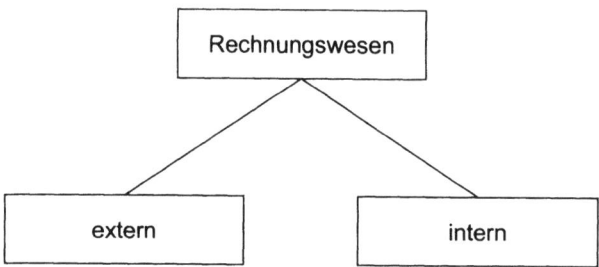

Ein solcher gesetzlicher Schutz ist nicht erforderlich für Informationen, deren Adressaten direkten Zugang zu ihnen haben, mindestens aber ihr Zustandekommen nachvollziehen können. Die interne Informationsgewinnung unterliegt deshalb grundsätzlich keinen gesetzlichen Regelungen oder anderen bindenden Vorschriften.[6]

Dieses so genannte interne Rechnungswesen, das für die innere Informationsgewinnung zuständig ist, unterliegt folgerichtig weder in der organisatorischen Gestaltung noch bei der angewandten Vorgehensweise bindenden Vorschriften. Jede Organisation wird es entsprechend ihren jeweiligen Informationsinteressen und Zielsetzungen unterschiedlich aufbauen. Die Kostenrechnung

---

[4] Der Jahresabschluss besteht immer aus der Bilanz und der Gewinn- und Verlustrechnung, zusätzlich je nach Rechtsform und Größe aus Anhang und Lagebericht
[5] Eine Übersicht ermöglicht z.B. Endriss/Hennies/Kluge/Raabe/Sauter, Jahresabschluss, 5. Aufl. München 2002
[6] Ausnahmen bestehen bei öffentlichen Aufträgen, wenn die Kalkulation offen gelegt werden muss.

liefert einen zweckentsprechenden, also von der Unternehmensleitung selbst definierten Einblick in die innerbetriebliche Leistungserstellung und -bewertung. Externen Interessenten soll dabei möglichst der Einblick in die internen Unterlagen verwehrt werden.
Eine Übersicht fasst die wesentlichen Merkmale zusammen:

|  | Externes Rechnungswesen | internes Rechnungswesen |
|---|---|---|
| Untersuchungsobjekt | Ganzes Unternehmen<br>Alle Geschäftsfälle | Zusätzlich Teilgebiete des Unternehmens<br>Nur betriebsnotwendige Geschäftsfälle |
| Gesetzliche Grundlage | Handels- und Steuerrecht | ohne gesetzliche Regelungen |
| Zeitbezug | vergangenheitsbezogen | gegenwarts- und zukunftsbezogen |
| Teilgebiete des Rechnungswesens | Buchhaltung mit Jahresabschluss | Kosten- und Leistungsrechnung, Planungsrechnung, Statistik |
| Ziele | Dokumentation der Vermögens-, Finanz- und Ertragslage | Planung, Steuerung und Kontrolle des Geschäftsverlaufes |
| Adressaten | Kapitalgeber, Staat, Kunden, Lieferanten, Öffentlichkeit, Arbeitnehmer | Unternehmensführung (Geschäftsführer, Vorstand), Controlling |
| Zugang | Pflicht zur Veröffentlichung unter bestimmten Voraussetzungen. Vgl. §§ 325 ff. HGB, TransPuG | Keine Pflicht zur Veröffentlichung |

Eine Besonderheit besteht bei Aufträgen der Öffentlichen Hand. Dort gibt es in vielen Fällen keinen regulierenden Wettbewerb, daher will der Auftraggeber nachprüfen können, ob die Preisfestsetzung angemessen ist. Für manche Bereiche sind Berechnungsmethoden entwickelt worden, die den Interessen beider Seiten gerecht werden sollen. Sie berücksichtigen neben den ermittelten Kosten auch die Anlagenintensität. Ein Multiplikator für den Innovationsgrad der Leistung soll den immateriellen Input berücksichtigen und beeinflusst den Gewinn positiv[7].

## 2.2 Gliederung des Rechnungswesens

Jede Organisation, die nach wirtschaftlichen Gesichtspunkten geleitet wird -und das sollte allgemein selbstverständlich sein-, verlangt ein nach aktuellen betriebswirtschaftlichen Überlegungen organisiertes Rechnungswesen, um alle relevanten wirtschaftlichen Vorgänge zahlenmäßig festzuhalten und den unterschiedlichen rechnerischen und statistischen Auswertungen zugänglich zu machen. Dabei ist eine Aufteilung in vier Bereiche sinnvoll, wobei die jeweiligen Ausprägungen von der Größe der Organisation und von den gewünschten Erkenntnissen abhängen.

Die Skizze zeigt, dass die vier Bereiche durch einen engen Austausch von Daten miteinander verbunden sind. Je stärker integriert die Teilsysteme sind, desto wirtschaftlicher wird die spezifische Informationsgewinnung sein, weil Doppelerfassung und Doppelarbeit reduziert werden können.

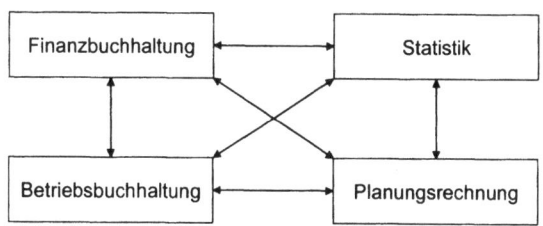

Die Finanzbuchhaltung liefert Daten für die Betriebsbuchhaltung und umgekehrt. Z.B. sind die mit den Daten der Betriebsbuchhaltung ermittelten Preise Grundlage für die Buchungen der Ausgangsrechnungen im Rahmen der Finanzbuchhaltung. Die Statistik unterstützt die Finanzbuchhaltung, z.B. wenn sie aufgrund ihrer Ermittlungen die Basis liefert für Pauschalwertberichtigungen[8]. Die Planungsrechnung entwickelt Kosten- und Leistungsvorgaben, die nach der Produktion im Rahmen der Betriebsbuchführung ausgewertet werden.

Die Finanzbuchhaltung ist der Teil des Rechnungswesens, der den externen Informationsinteressen dient. Ihr Ergebnis ist der Jahresabschluss, der das Unter-

---

[7] Vgl. Weber, R., Kostenmanagement für Dienstleister und Non-Profit-Unternehmen, Renningen-Malmsheim, 2. Aufl. 1999, S. 282

[8] Aufgrund der betrieblichen Erfahrungen zum Ausfall von Forderungen wird der voraussichtliche Forderungsausfall ermittelt. Dieser Pauschalsatz muss rechnerisch nachweisbar sein.

nehmensergebnis zeigt. Er unterliegt zwar engen handels- und steuerrechtlichen Restriktionen, bietet aber trotzdem weiten gestalterischen Raum. Die zahlreichen Ansatz- und Bewertungswahlrechte ermöglichen eine Ergebnisgestaltung im Rahmen der Bilanzpolitik, die sich wiederum an Zielsetzungen wie Steuerminimierung, hoher Ausschüttung u.ä. orientiert.

Insgesamt muss der Jahresabschluss "ein den tatsächlichen Verhältnissen entsprechendes Bild der Vermögens- Finanz- und Ertragslage…vermitteln."[9] Die Grundsätze ordnungsmäßiger Buchführung sind auch für die Besteuerung zu beachten[10].

Die Daten dieses externen Rechnungswesens sind in der Regel für interne Zwecke nicht oder nur eingeschränkt geeignet, weil sie eben für andere als betriebswirtschaftliche Zwecke erhoben und verdichtet worden sind.

Die Betriebsbuchhaltung ist dagegen intern orientiert, sie ermittelt das Betriebsergebnis. Entsprechend spielen externe Zielsetzungen keine zentrale Rolle. Ihr Hauptziel ist die dauerhafte Erhaltung der Vermögenssubstanz. Deshalb wird der Werteeinsatz der Periode ermittelt und den betrieblichen Leistungen gegenübergestellt. Die Betriebsbuchhaltung gliedert sich in die Kosten- und die Leistungsrechnung; weil beide eng zusammenhängen, wird auch von der Kosten- und Leistungsrechnung gesprochen.

Die Kostenrechnung verfolgt schrittweise die Entstehung der Kosten im Leistungsprozess, der die gesamten Geld- und Güterströme umfasst, vom Einkauf über die Produktion bis zum Absatz der fertigen Produkte oder Dienstleistungen. Entscheidend ist der tatsächliche Werteinsatz in einer bestimmten Periode, der den erstellten betrieblichen Leistungen gegenübergestellt wird. Das ist der Kern der Kosten- und Leistungsrechnung.

Die Erfassung der wirtschaftlichen Sachverhalte kann, muss sich aber nicht von der Erfassung in der Finanzbuchhaltung unterscheiden. So können Vorgänge anders, zusätzlich oder gar nicht erfasst werden. Bei aller notwendigen Unterscheidung zwischen Finanz- und Betriebsbuchhaltung gibt es doch eine hohe Übereinstimmung. Beide können auf die Daten der jeweils anderen zurückgreifen, der intensive Informationsaustausch führt zu einer erheblichen Arbeitsersparnis.

In der Statistik werden Daten erhoben, analysiert, gedeutet, dokumentiert und damit Hypothesen untermauert oder verworfen. Dabei stammen die Daten nicht notwendig nur aus der Organisation selbst, denn auch branchenbezogene oder gesamtwirtschaftliche Daten können zu wertvollen Erkenntnissen beitragen. Mit Hilfe von Kennzahlen und der Verdeutlichung von Zusammenhängen zwi-

---

[9] § 264 Abs. 2 HGB
[10] Vgl. § 140 AO

schen Entwicklungen in unterschiedlichen Organisationseinheiten bzw. unterschiedlichen Teilbereichen lassen sich zusätzliche Erkenntnisse gewinnen.

Die statistischen Daten stehen grundsätzlich allen Interessenten in der gesamten Organisation zur Verfügung, damit auch allen Teilen des Rechnungswesens. Als Vergleichs- oder Zielgrößen können sie eine wertvolle Entscheidungshilfe darstellen. Isolierte Zeitpunktbetrachtungen gelten als weniger aussagefähig als Datenzusammenstellungen über mehrere Perioden hinweg oder mit Vergleichsmöglichkeiten zu ähnlichen Unternehmen.

Die Planungsrechnung hat die Aufgabe, zukünftige Ausgaben und Einnahmen zu konkretisieren. Dazu greift sie auf das Zahlenmaterial zurück, das aus den anderen Bereichen des Rechnungswesens zur Verfügung gestellt wird und bereitet es auf für unternehmerische Planungen. Da es sich aber um geschätzte Erwartungen handelt, die in die Zukunft gerichtet sind, fließen notwendig auch unsichere Annahmen über zukünftige Entwicklungen ein. Die Qualität der Planungsrechnung ist damit abhängig von der Qualität der bereitgestellten Zahlen einerseits und der Qualität der Zukunftsprognosen andererseits.

Erkennbar ist, dass die Planungsrechnung nicht immer eindeutig von den anderen Teilen des Rechnungswesens abgegrenzt werden kann. Z.B. ist die Plankostenrechnung[11] eine Planungsrechnung, die als Bestandteil der Kostenrechnung angesehen wird. Auch zu anderen Planungsbereichen, z.B. dem Absatzplan oder dem Finanzplan, gibt es enge Beziehungen und auch Überschneidungen.

Die wichtigste Aufgabe der Kosten- und Leistungsrechnung besteht darin, die in einer bestimmten Periode anfallenden Kosten vollständig, systematisch und verursachungsgerecht zu erfassen. Sie werden den korrespondierenden Leistungen gegenübergestellt und so das Betriebsergebnis ermittelt.

Neben diesen vier klassischen Bereichen des Rechnungswesens ist das Controlling zu erwähnen, das übergreifend mit eigenen spezifischen Methoden ebenfalls betriebswirtschaftliche Daten ermittelt und für Planungs-, Steuerungs-, Entscheidungs- und Kontrollzwecke zur Verfügung stellt.

Die Investitionsrechnung stellt mehrere Verfahren bereit, um die Wirtschaftlichkeit von Investitionen bestimmen zu können. Sie können in der Praxis eine wichtige Ergänzung der Kostenrechnung sein.

---

[11] Vgl. Kap. 6.3

## 2.3 Gliederung der Kosten- und Leistungsrechnung

### 2.3.1 Traditionelle Einteilung

Alle Überlegungen im Rahmen der Kostenrechnung beziehen sich immer auf eine Periode, z.B. ein Jahr oder einen Monat. Um ein vergleichbares und nachvollziehbares Ergebnis ermitteln zu können, ist eine solche Abgrenzung unumgänglich.
   Die Kosten- und Leistungsrechnung wird traditionell in drei Bereiche eingeteilt:

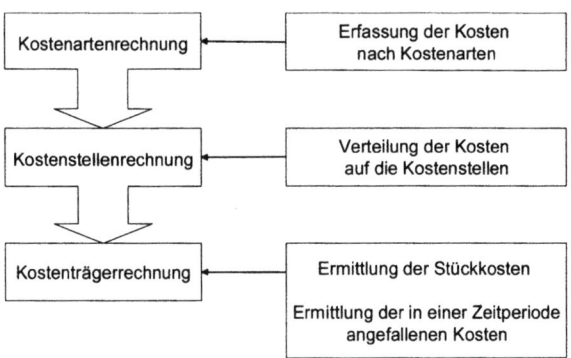

#### 2.3.1.1 Kostenartenrechnung

In der Kostenartenrechnung ist der Ausgangspunkt jeder Kostenrechnung. Hier wird gefragt, welche Arten von Kosten in einer Periode angefallen sind. Es handelt sich dabei um Einzelkosten, die direkt und eindeutig einer bestimmten Leistung bzw. einem Produkt zurechenbar sind und um Gemeinkosten, die nicht direkt zuzurechnen sind und verursachungsgerecht mit Hilfe von Schlüsseln im Rahmen der Kostenstellenrechnung auf die Kostenträger verteilt werden müssen.

#### 2.3.1.2 Kostenstellenrechnung

In der Kostenstellenrechnung wird untersucht, wo, d.h. an welcher Stelle im Leistungsprozess, die Kosten angefallen sind. Sie bildet die Gemeinkosten, die nicht direkt einem bestimmten Produkt zugeordnet werden können, verursa-

20

chungsgerecht auf die Orte im Unternehmen ab, an denen die Kosten anfallen. Kostenstellen werden gebildet nach

- räumlichen Gesichtspunkten (z.b. Seniorenwohnheim I oder II)
- betrieblichen Funktionen (z.b. Wäscherei, Krankenabteilung)
- Verantwortungsbereichen (z.b. Abteilung)

In der betrieblichen Praxis werden die Kostenstellen meistens nach Funktionen eingeteilt:

- Fertigungsstellen sind organisatorische Einheiten, in denen unmittelbar an den Produkten gearbeitet wird.
- Fertigungshilfsstellen liefern den Fertigungsstellen Leistungen zu.
- Allgemeine Stellen geben ihre Leistungen vollständig oder fast vollständig an andere Kostenstellen ab. Beispiele sind die Energieversorgung, Fuhrpark, Sozialdienste u.ä.
- Materialstellen bearbeiten die Beschaffung und Lagerung des Materials.
- Verwaltungsstellen
- Vertriebsstellen übernehmen alle mit dem Absatz verbundenen Aufgaben.

In vielen Fällen ist es sinnvoll, die Kostenstellen hierarchisch zu gliedern: Hauptkostenstellen dienen unmittelbar der Leistungserstellung. An diesen Kostenstellen wird also direkt an dem Produkt gearbeitet. Sie geben keine Leistungen an andere Kostenstellen ab.

Hilfskostenstellen stellen Leistungen für andere Kostenstellen zur Verfügung, sie sind also nur indirekt am Produktionsprozess beteiligt. Ihre Kosten werden auf die Hauptkostenstellen verrechnet.

Bei der Bildung von Kostenstellen sollen folgende Kriterien berücksichtigt werden:

- Jede Kostenstelle soll einen selbstständigen Verantwortungsbereich umfassen, um klare Verantwortlichkeiten benennen zu können.
- Bei jeder Kostenstelle sollen sich Kostentreiber identifizieren lassen. Sie ermöglichen eine sinnvolle Kostenbeeinflussung.
- Auf jeder Kostenstelle sollen sich Kostenbelege eindeutig verbuchen lassen.

*Beispiele:*

Es erscheint wenig sinnvoll, aus der Mädchengruppe in einem Jugendzentrum eine eigene Kostenstelle zu entwickeln, wohl aber für das Jugendzentrum insgesamt.

Die Küche in einem Seniorenzentrum erfüllt die genannten Kriterien und kann eine sinnvolle Kostenstelle sein, dem Kühlraum lassen dagegen z.B. Belege (etwa Elektrizitätskosten) nicht isoliert und eindeutig zuordnen.

Bei einem Sozialdienst kann für den Fuhrpark eine Kostenstelle gebildet werden. Er bildet einen selbstständigen Verantwortungsbereich Kostentreiber sind identifizierbar (Kraftstoffkosten, Versicherungen usw.) und die Belege lassen sich klar zuordnen. Das gilt in der Regel so für die einzelnen Fahrzeuge nicht.

### 2.3.1.3  Kostenträgerrechnung

Die Kostenträgerrechnung ermittelt die Kosten je Produkt, gibt also an, für welche Leistung sie angefallen sind. Zwei Grundformen sind gebräuchlich:

- Die Kostenträgerzeitrechnung ermittelt die Höhe der Kosten, die innerhalb eines Zeitraumes, einer Abrechnungsperiode, für die Produktarten angefallen sind.

- Die Kostenträgerstückrechnung, die auch als Kalkulation bezeichnet wird, errechnet die Kosten, die für jeweils eine Produktionseinheit der Güter oder Dienstleistungen angefallen sind.

Da bei Organisation ohne Gewinnerzielungsabsicht die Kalkulation ein besonderes Interesse genießt, wird im Wesentlichen dieser Teil der Kostenträgerrechnung dargestellt.
Die Skizze zeigt den Zusammenhang:

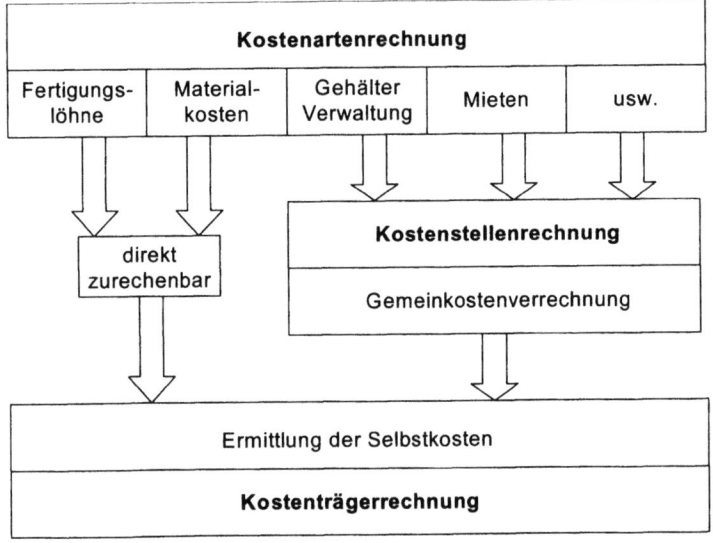

## 2.3.2 Praxisbezogene Einteilung

Die oben dargestellte traditionelle Gliederung der Kostenrechung hat systematische und theoretische Vorteile und kann das Verständnis für die Schwierigkeiten
schärfen, denen man bei der praktischen Umsetzung begegnet. Allerdings ist
eine andere Gliederung dann sinnvoll, wenn eine ebenso einfache wie übersichtliche und prozessbetonte Umsetzung angestrebt wird. Hier wird deshalb folgende
Einteilung verfolgt:

- Ermittlung und Erfassung von Kosten. Dabei wird dargestellt, welche Kosten denkbar sind und welche im aktuellen Problemlösungsprozess sinnvoll
  berücksichtigt werden sollten. Dabei wird darauf hingewiesen, wie die Kosten konkret erfasst werden können.
- Zuordnung der Kosten zu den Produkten bzw. Dienstleistungen. Hier muss
  zwischen Einzel- und Gemeinkosten unterschieden werden, Schlüssel, Pauschalierungen und Schätzungen werden diskutiert.
- Auswertung der Kostenrechnung. Da die Ermittlung der Kosten und des
  Wertes der erstellten Produkte das Ziel hat, Entscheidungsgrundlagen bereit
  zu stellen, müssen Auswertungsmethoden angeboten werden.

## 2.3.3 Praktische Umsetzung

Jede Kostenrechnung, die aussagefähig sein soll, muss alle drei Teile enthalten,
die Kostenartenrechnung und auch die Kostenstellen- und Kostenträger- rechnung.

Die zentrale Erfassung der Kosten lässt sich mit Hilfe eines Kostenartenpla-
nes übersichtlich und zuverlässig organisieren. Seine Gliederungstiefe ist dabei
abhängig von der Größe der Organisationseinheit, den Produkten und von der
angestrebten Genauigkeit. Die relative Bedeutung der verschiedenen Kostenarten
ist jeweils unterschiedlich. Je anspruchsvoller die Anforderungen sind, desto
differenzierter muss die Kostenartenrechnung ausgestaltet sein. In jedem Falle
sind zwei Grundsätze zu beachten:

- Grundsatz der Reinheit. Die Kostenarten sollen so definiert werden, dass
  keine Mischkostenarten ("Sonstige Kosten") entstehen.
- Grundsatz der Einheitlichkeit. Die Definition muss so eindeutig sein, dass
  verschiedene Personen in unterschiedlichen Perioden die gleiche Zuordnung
  vornehmen.

Ein Kostenartenplan kann dabei z.B. folgende Struktur haben[12]:
Kostenartenplan
1. Materialkosten und bezogene Leistungen
1.1. Materialkosten
1.1.1. Rohstoffe
1.1.2. Energiekosten
1.1.3. Verpackungsmaterial
1.1.4. Handelsware
1.1.5. ….
1.2. Kosten für bezogene Leistungen
1.2.1. Fremdleistungen für Auftragsgewinnung
1.2.2. Fremde Entwicklungsleistungen
1.2.3. Vertriebsprovisionen
1.2.4. Fremdinstandhaltung
1.2.5. ….
2. Personalkosten
2.1. Löhne
2.1.1. Leistungslöhne
2.1.2. Gemeinkostenlöhne
2.1.3. Prämien
2.1.4. ….
2.2. Gehälter
2.2.1. Fertigungsgehälter
2.2.2. Gemeinkostengehälter
2.2.3. sonstige Vergütungen
2.2.4. ….
2.3. Sozialkosten
2.3.1. Arbeitgeberanteile zur Sozialversicherung
2.3.2. Beiträge zur Berufsgenossenschaft
2.3.3. sonstige gesetzliche Sozialkosten
2.3.4. sonstige freiwillige Sozialkosten
2.3.5. ….
2.4. Sonstige Personalkosten
2.5. Kalkulatorischer Unternehmerlohn
3. Kapitalkosten
3.1. Kalkulatorische Abschreibungen
3.1.1. Abschreibungen auf Grundstücke
3.1.2. Abschreibungen auf Betriebs- und Geschäftsausstattung

---

[12] In Anlehnung an: Bundesverband der Deutschen Industrie (Hrsg.), Empfehlungen zur Kosten- und Leistungsrechnung, Bd. 1, 2. Aufl. Köln 1988, S. 33 f.

Die Kostenstruktur hat erheblichen Einfluss auf die Wettbewerbsfähigkeit und auf die Gewinnsituation. Sie ist damit von entscheidender Bedeutung für unternehmerische Entscheidungen.

# 3 Erfassung der Kosten

## 3.1 Prinzipien der Kostenerfassung

Obwohl es für die Ausgestaltung und Durchführung der Kostenrechnung keine Vorschriften gibt und deshalb spezifische aufgaben- und erkenntniszielbezogene Verfahren angestrebt werden, haben sich allgemein anerkannte Prinzipien entwickelt:

- Zweckorientiertheit. Die Kostenrechnung soll sich orientieren an den Anforderungen, die in Bezug auf ihren Aussagewert gestellt werden. Das kann z.b. die Ermittlung der Selbstkosten sein, die Feststellung von Mindestpreisen, die Abhängigkeit von der Produktionsmenge und vieles andere mehr. Sinnvoll werden dann nur die Zahlen erfasst, die für diese Fragestellung von Bedeutung sind und daher "relevante Kosten" genannt werden.
- Wirtschaftlichkeit. Durch die Kostenrechnung selbst werden auch Kosten verursacht, die natürlich nicht höher sein sollen als der Wert der erreichten Informationen. Die Genauigkeit und Vollständigkeit finden ihre Grenzen, wenn dadurch unverhältnismäßig Kosten verursacht werden. Nicht alles Rechenbare soll tatsächlich gerechnet werden, sondern nur wirklich relevante Informationen sollen ermittelt werden: "So genau wie nötig, aber nicht so genau wie möglich".
- Vollständigkeit. Grundsätzlich müssen alle Kosten und Leistungen vollständig erfasst werden, nur dann können aussagefähige Daten geliefert werden. Dazu gehören dann auch die Kosten, die nicht zu Ausgaben führen. Diese kalkulatorischen Kosten spielen vielfach eine erhebliche Rolle, ihre unvollständige Erfassung würde zu möglicherweise folgenschweren Fehlentscheidungen führen.
- Kontinuität. Soll ein Kostenvergleich für verschiedene Zeiträume möglich sein, muss die Kostenrechnung in den Vergleichsperioden in gleicher Weise durchgeführt werden. Veränderungen sollen deshalb nur sehr zurückhaltend vorgenommen werden.
- Periodenbetrachtung. Die Kostenrechnung orientiert sich typischerweise an einem Geschäftsjahr, periodenfremde Einflüsse werden möglichst eliminiert. Dieser Zeitraum wird analysiert, dokumentiert und kontrolliert und mit Referenzperioden verglichen, um Erfolgsstrukturen sichtbar machen zu können.[13]
- Verursachung. Die Kosten sind dort zuzurechnen, wo letztendlich der Grund liegt für ihre Entstehung. Besonders bei der Verteilung der nicht di-

---

[13] Vgl. z.B. www.uni-duesseldorf.de/HHU/fakultaeten/wiwi/lehrstuehle/bwlUnternContr/Service/download/Grundstudium/KLR/136

rekt zurechenbaren Kosten können hier durch die Ausnutzung von Gestaltungsmöglichkeiten Fehler entstehen.[14]

- Einmaligkeit. Jede Mehrfacherfassung ist zu vermeiden.
- Stetigkeit und Einheitlichkeit. Eine gleich bleibende Erfassung und Verteilung ermöglicht einen Perioden übergreifenden Vergleich.

Die Aufzählung lässt erkennen, dass bei diesen Prinzipien der Kostenerfassung Konflikte systemimmanent sind und deshalb eine jeweils zielorientierte Hierarchie festgelegt werden muss. Deutlich wird die fehlende Harmonie bei den Prinzipien "Wirtschaftlichkeit" und "Vollständigkeit", aber auch "Vollständigkeit" und "Kontinuität".

### 3.2 Definition von Kosten und Leistungen

Da die Kostenrechnung der innerbetrieblichen Information dienen soll, gibt es keine gesetzlichen Regelungen über ihre Einrichtung, den Aufbau oder gar über die Instrumente, die eingesetzt werden sollen. Da sie der betriebsinternen Information dient und schutzwürdige Interessen Dritter nicht beeinträchtigt sein können, wenn ihr keine nach außen gerichteten Funktionen beigemessen werden, erscheint das auch konsequent. Die Kostenrechnung dient als Entscheidungs- und Dispositionshilfe für die Leitung der Organisationseinheit. Ausnahmen gibt es lediglich bei der Ermittlung der Selbstkosten bei öffentlichen Aufträgen und bei den –für den hier diskutierten Bereich allerdings oft existenziell wichtigen- Verwendungsnachweisen, wenn öffentliche Gelder in Anspruch genommen worden sind.

Damit kann die Kostenrechnung weitgehend unter dem Aspekt der Zweckmäßigkeit gestaltet werden. Wenn aber keine bindenden Grundsätze ihre Einrichtung und Ausgestaltung beeinflussen, dann ist auch in das Ermessen gestellt, was als Kosten angesehen werden soll, wie zu bewerten und wie zu kalkulieren ist. Wenn es vor allem auf die Zweckmäßigkeit und Wirtschaftlichkeit ankommt, sind unterschiedliche zielgerichtete Verfahrensweisen nicht nur erlaubt, sondern ausgesprochen sinnvoll. Der Gestaltungsspielraum kann genutzt werden, die Interessen der Organisationseinheit zu verfolgen.

Obwohl auch umgangssprachlich von „Kosten" gesprochen wird, soll die betriebswirtschaftliche Definition kurz erläutert werden. Danach sind Kosten der bewertete sachzielbezogene Güterverbrauch in einem bestimmten Zeitraum.

---

[14] Ein ausführliches Beispiel aus dem Sozialbereich untersucht Ott, R., Grenzen und Lösungsansätze einer Kostenzuordnung auf Forschung, Lehre und Krankenversorgung in Universitätsklinika, Bayerisches Staatsinstitut für Hochschulforschung und Hochschulplanung, München 2003

Kosten setzen also einen mengenmäßigen Verbrauch von Gütern voraus. In einer Drogenberatungsstelle verursachen der Verbrauch von Papier, Telefongespräche, Miete usw. selbstverständlich Kosten. Im Allgemeinen dürfte es nicht schwierig sein, solche Verbrauchsmengen zu erfassen.

Der Güterverbrauch ist zu bewerten, denn mit reinen Mengengrößen (z.B. m², kg, Stück) lässt sich nicht rechnen. Die Mengeneinheit wird deshalb mit einem Geldbetrag bewertet, der "Preis" heißt.

Zu erfassen ist aber nicht nur der bewertete Verbrauch, der direkt der Leistungserbringung dient. Beispielsweise bei einer Fotogruppe in einer Jugendeinrichtung könnten das die Filme sein, das Fotopapier, die eingesetzte elektrische Energie für Beleuchtung und Belichtung und auch die Arbeitskraft des Gruppenleiters. Zusätzlich ist aber auch der langfristige Güterverzehr zu berücksichtigen, z.B. der Verschleiß der Kameras oder noch langfristiger die Abnutzung des Gruppenraumes.

Hier ist die Erfassung der Menge, die bei der Kostenrechnung berücksichtigt werden soll, deutlich schwieriger. Es kann keine Aufzeichnung darüber geben, wie lange eine Kamera noch einsatzbereit sein wird. Erforderlich ist also eine Prognose, und die ist notwendigerweise mit Unsicherheit behaftet. Natürlich gibt es Orientierungshilfen, zum Beispiel Erfahrungswerte oder die AfA-Tabellen[15], nach denen die Finanzverwaltung die gewöhnliche Lebensdauer von Gegenständen bemisst, aber mehr als eine -für Zwecke der Kostenrechnung unverbindliche- Hilfe ist das nicht.

Damit ist dem Kostenrechner aber bereits bei der mengenmäßigen Erfassung der Kosten ein Entscheidungsspielraum gegeben, den er gestaltend nutzen kann. Wenn im obigen Beispiel angenommen wird, dass eine Kamera in einer Jugendgruppe einer extremen Beanspruchung ausgesetzt ist und deshalb nur kurze Zeit genutzt werden kann, so muss sich ein hoher Werteverbrauch ergeben mit der Konsequenz, dass bei der Durchführung der Fotogruppe höhere Kosten entstehen. Umgekehrt wird man eine möglichst lange Nutzungsdauer unterstellen, wenn dokumentiert werden soll, dass die Fotogruppe eher günstig durchgeführt werden kann.

Die Grenzen dieser Gestaltungsmöglichkeiten sind erreicht, wenn die getroffenen Annahmen völlig unrealistisch werden – aber nur, weil damit auch der interne Informationswert dieser Kostenrechnung nicht mehr gegeben ist und nicht etwa, weil es nicht erlaubt wäre, von solchen Überlegungen auszugehen. Das wird etwa deutlich bei den Kosten einer Justizvollzugsanstalt. Eine ganz formalistische Überlegung sagt, dass die Unterbringung jeder einzelnen Person umso günstiger sei, je mehr Insassen vorhanden sind. Dass daraus nicht sinnvoll

---

[15] AfA = Absetzung für Abnutzung. Vgl. z.B. www.steuernetz.de/afa2001/

der Schluss gezogen werden kann, möglichst viele Gefangene anzustreben, macht deutlich, dass die Ergebnisse der Kostenrechnung nicht nur betriebswirtschaftlich interpretiert werden dürfen.

Dass Kosten vollständig erfasst werden sollen, erscheint zunächst selbstverständlich, verursacht in der Praxis jedoch oft Probleme, weil die Erfassung der Kosten schwierig ist. Wenn man beispielsweise annimmt, die Kamera sei der Jugendeinrichtung geschenkt worden, so liegt ein Werteverzehr vor, der Kosten darstellt, obwohl das Gerät bei der Anschaffung keine Ausgaben verursacht hatte.

Besonders in großen Organisationseinheiten ist zudem nicht selten, dass dem Kostenrechner die erforderlichen Angaben gar nicht vorliegen und auch nicht zugänglich sind.

*Beispiel*
Bei einer Stadtverwaltung müsste jedes Produkt, sei es die Verlängerung eines Ausweises, die Reinigung der Fußgängerzone oder ein Zoobesuch mit einer Kindergartengruppe, anteilig mit den Kosten der gesamten Verwaltung belastet werden bis hin zum Gehalt des Bürgermeisters oder dem Zuschuss für die Cafeteria. Es darf wohl bezweifelt werden, dass diese Angaben bei der Kalkulation des Ausflugs vorliegen.

Pauschalierungen, Schätzungen und plausible Annahmen sind nicht ungewöhnlich und geradezu Methoden in der Kostenrechnung, denn die Grenzen einer vollständigen und exakten Kostenerfassung werden erreicht, wenn der zusätzliche Informationsgewinn unter wirtschaftlichen Aspekten nicht mehr vertretbar ist. Bei dem obigen Beispiel wird dieser Fall wahrscheinlich gegeben sein.

Weiter verlangt die Kostendefinition, dass der Verbrauch sachzielbezogen sein soll. Das ist bei dem genannten Güterverbrauch der Fotogruppe sicher der Fall. Er dient dem sachlichen Ziel, in einer Gruppe unter Anleitung Fotos zu machen, zu bearbeiten und zu beurteilen und dadurch jungen Leuten die Techniken zu vermitteln und sie an eine sinnvolle kreative Tätigkeit heranzuführen. Wenn dagegen ein Gruppenmitglied eine Kamera ausleiht, um damit Pressefotos zu machen und zu verkaufen, wird der dadurch entstandene Verbrauch sicher nicht mehr sachzielbezogen sein. Bei der Ermittlung der Kosten für die Fotogruppe darf der Verbrauch der Kamera oder gar des Films nicht berücksichtigt werden.

### 3.2.1 Fixe und variable Kosten

Bei einer Beschäftigungsänderung, also einer veränderten Ausnutzung der vorhandenen Kapazität, können sich die Kosten sehr unterschiedlich entwickeln. Die Veränderung der Leistungsmenge wird sich auf einen Teil der Kosten auswirken, auf einen anderen nicht.

Die Kosten, die in immer gleicher Höhe anfallen, weil sie erst die Betriebsbereitschaft ermöglichen und damit unabhängig sind von der Ausbringungsmenge, werden als fixe Kosten oder als Fixkosten ($K_f$) bezeichnet. Sie fallen auch dann an, wenn keine Produktion stattfindet. Typische Fixkosten sind Mieten für Büros und Produktionseinrichtungen, Versicherungsprämien, Darlehenszinsen und Personalkosten.

Die Skizze verdeutlicht, dass auch bei einer Menge "0" die Fixkosten in voller Höhe anfallen und sich bei verbesserter Kapazitätsausnutzung nicht verändern.

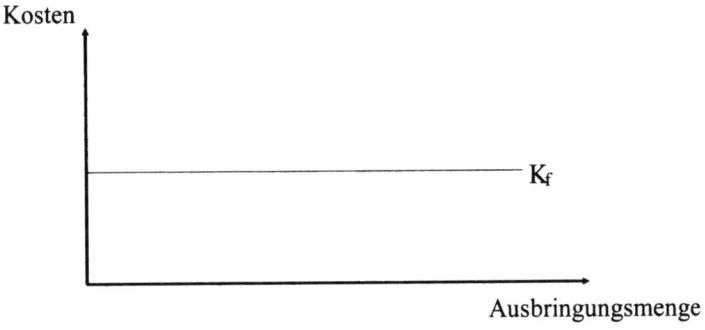

In der Praxis sind diesem Zusammenhang jedoch Einschränkungen zu beachten:
- Die Kostenstruktur verändert sich in der Praxis und damit auch der Anteil der Fixkosten. Über einen längeren Zeitraum betrachtet zeigt sich in den meisten Fällen, dass der Anteil der Fixkosten an den Gesamtkosten tatsächlich tendenziell abnimmt.

*Beispiel*:
Ein junger Allgemeinmediziner eröffnet eine Arztpraxis. Unabhängig von der Zahl der Patienten fallen Kosten an für Mieten, Gehälter und Kredite zur Finanzierung der Erstausstattung. Der Anteil dieser Fixkosten wird ab-

nehmen, wenn die Zahl der Patienten steigt, denn die Kosten für Medikamente, Verbandstoffe, Abrechnung u.a. nehmen dann absolut und anteilig zu.

- Auch Fixkosten sind nur für einen bestimmten Kapazitätsbereich konstant. Wenn man sich nur eine genügend große Veränderung der Produktionsmenge vorstellt, wird deutlich, dass bei Überschreitung bestimmter Grenzen z.b. die Mietkosten steigen werden, die Versicherungsprämien teurer werden und sich auch die Gehaltssumme verändert, wenn zusätzliche Mitarbeiter eingestellt werden oder wenn Mitarbeiter die Organisation verlassen.

*Beispiel:*
In der angesprochenen Arztpraxis wird die Anstellung einer zusätzlichen Arzthelferin erforderlich, wenn Zahl der Patienten zunimmt. Als Folge steigen die Personalkosten abrupt an.

Die Skizze verdeutlicht die Vorstellung, dass Kosten jeweils nur für eine bestimmte Ausbringungsmenge fix sind. Sie werden deshalb in diesem Zusammenhang als "intervallfix" ($K_{if}$) oder "sprungfix" bezeichnet

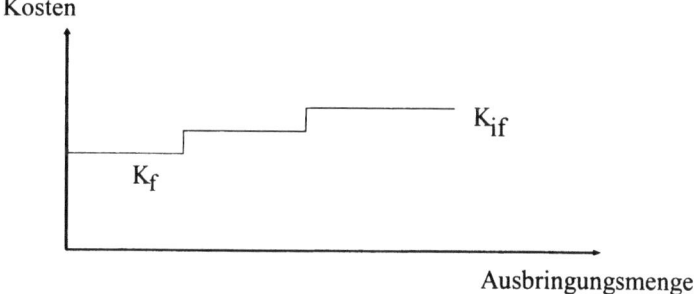

*Beispiel:*
Wegen abnehmender Auslastung werden in einem Seniorenheim frei werdende Stellen im Pflegebereich nicht mehr besetzt. Von diesem Zeitpunkt $t_1$ an verändern sich die - eigentlich als "fix" angesehenen - Personalkosten.

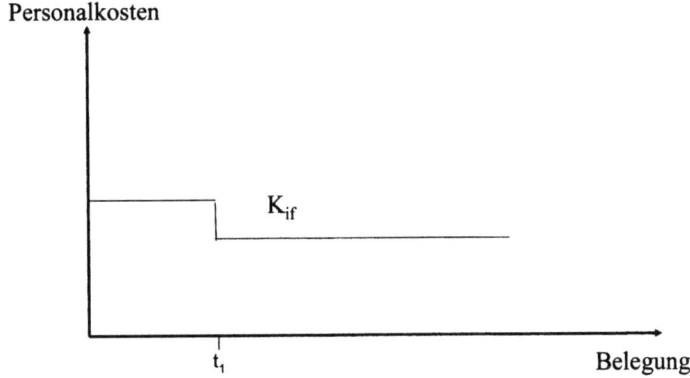

Personalkosten

$K_{if}$

$t_1$    Belegung

- Langfristig sind alle Fixkosten veränderbar. Die im vorigen Beispiel für sprungfixe Kosten angestellten Überlegungen lassen sich verallgemeinern, denn langfristig können alle Kosten variieren. Mietverträge können verändert werden, die Gehaltskosten ändern sich bei Neueinstellungen und Kündigungen, Versicherungsverträge werden angepasst usw. Der extremste denkbare Fall ist die Einstellung der Produktion, nach der Abwicklung fallen keine Kosten mehr an, also auch keine Fixkosten.

Fixkosten können sich grundsätzlich auch auf eine andere Basis beziehen als auf die Kapazität des gesamten Betriebes. Möglich sind

- auftragsfixe Kosten. Sie beziehen sich einen bestimmten Auftrag, unabhängig von seiner Ausgestaltung.
- bestellfixe Kosten. Es handelt sich um Bearbeitungskosten je Bestellung unabhängig von ihrem Umfang.
- losfixe Kosten. Kosten der Umrüstung von Maschinen, um die Produktionsbereitschaft für eine bestimmte Charge herzustellen.
- projektfixe Kosten. Das sind die Gehälter und anderen Kosten, die erforderlich sind, um ein Projekt durchzuführen.
- produktfixe Kosten. Sie entstehen durch die Schaffung der Möglichkeit, ein bestimmtes Produkt herzustellen.

Im Gegensatz zu den Fixkosten sind die variablen Kosten ($K_v$) unmittelbar abhängig von der Produktionsmenge, es sind beschäftigungsabhängige Kosten. Typische variable Kosten sind z.B. Fertigungslöhne, der Verbrauch von Roh-, Hilf- und Betriebsstoffen und Benzinkosten.

*Beispiel:*
Für die Reinigung von Appartements in einem Seniorenheim fallen nur bei Belegung 120 € Reinigungskosten an. Die Kosten entwickeln sich proportional:

| Zahl der Appartements | Reinigungskosten |
|---|---|
| 0 | 0,- € |
| 1 | 120,- € |
| 2 | 240,- € |
| 5 | 600,- € |
| 10 | 1200,- € |

Die Tabelle zeigt einen linearen Kostenverlauf, die Höhe der Reinigungskosten ist ausschließlich abhängig von der Zahl der bewohnten Appartements. Sie nehmen pro Appartement in gleicher Höhe zu. Stehen alle leer, fallen keine Reinigungskosten an.

Sind die variablen Kosten proportional ($K_{prop}$) zur Ausbringungsmenge, lassen sich darstellen mit Hilfe einer Geraden, die im Nullpunkt beginnt und bis zur Kapazitätsgrenze reicht, wobei ihre Steigung abhängig ist von den Kosten jeder zusätzlichen Einheit.

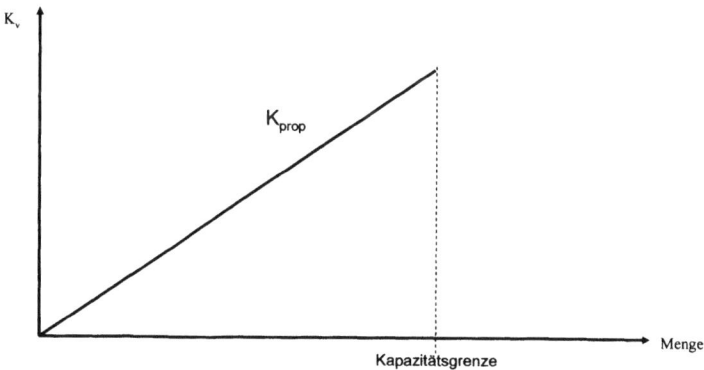

In vielen Fällen allerdings sind die variablen Kosten keineswegs proportional zur Beschäftigung. Je nach Ausbringungsmenge nehmen die variablen Kosten dann pro zusätzlich produzierter Einheit zu oder ab.

33

Bei abnehmenden variablen Kosten spricht man von einem degressiven Kostenverlauf.

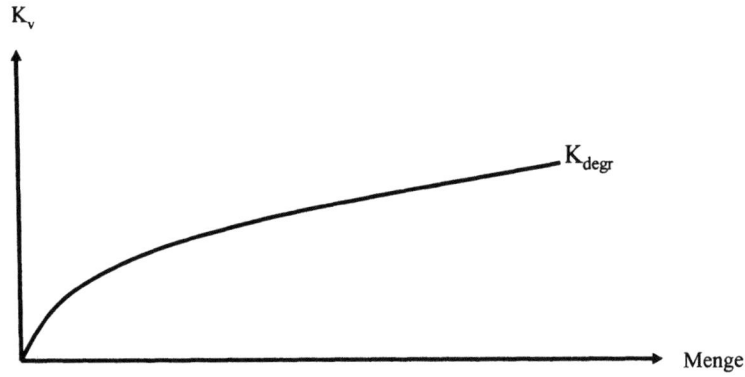

*Beispiele:*
- Bei Autofahrten ist zunächst der Benzinverbrauch pro Streckeneinheit relativ hoch und nimmt dann ab.
- Ein Lieferant gewährt Mengenrabatt
- Ein neuer Pkw verliert unmittelbar nach dem Kauf relativ schnell an Wert, später verläuft der Wertverlust langsamer.

In anderen Fällen können die variablen Kosten aber auch mit steigender Menge zunehmen, man spricht dann von einem progressiven Kostenverlauf.

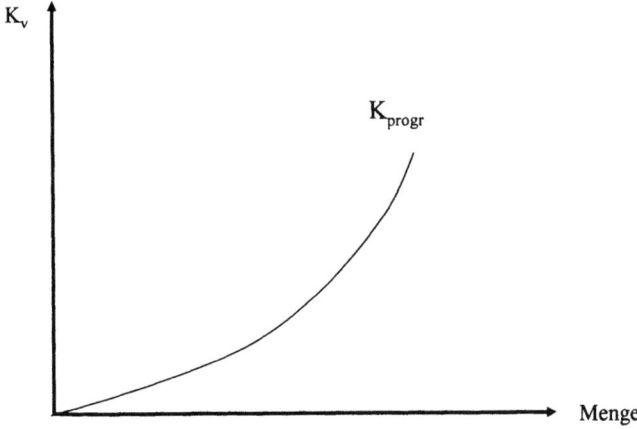

*Beispiele:*
- Je intensiver eine Maschine genutzt wird, desto höher ist ihre Beanspruchung. Als Folge steigen bei höherer Auslastung die variablen, durch die Produktion verursachten Kosten.
- Bei den Personalkosten fallen Überstundenzuschläge an, wenn zusätzliche Produktion zusätzlichen Personaleinsatz erfordert.

Die vereinfachte Darstellung muss insofern ergänzt werden, als sich auch feststellen lässt, dass die variablen Kosten nicht ganz allein von der Leistungsmenge abhängen müssen. Auch die Art und Weise der Leistungserstellung, etwa die Produktionsreihenfolge und die Bearbeitungsintensität, sind von Einfluss. Das bedeutet, dass die gleiche Menge mit unterschiedlichen variablen Kosten erzeugt werden kann, die Kostenverlaufe beziehen sich immer auf eine gegebene Situation.

## 3.2.2 Grenzkosten

Der Zuwachs an den Gesamtkosten, der dadurch hervorgerufen wird, dass bei einer bestimmten Produktionsmenge eine weitere Gütereinheit hergestellt wird, wird Grenzkosten genannt. Der Unterschied zu dem Begriff der variablen Kosten ist also darin zu sehen, dass sich die Grenzkosten auf nur eine, nämlich die letzte, Mengeneinheit beziehen. Vereinfacht können die Grenzkosten also ermittelt werden, indem von den Gesamtkosten der Produktion von n Einheiten die Gesamtkosten der Produktion von (n - 1) Einheiten abzieht Da sich nur die variablen Kosten verändern, entsprechen bei einer linearen Gesamtkostenfunktion die Grenzkosten den variablen Kosten pro Stück.

Weist die Funktion der variablen Kosten aber einen diskontinuierlichen, nichtlinearen Verlauf auf, z.B. weil ab einer bestimmten Grenze veränderte Abschreibungsbeträge anfallen, dann müssen die variablen Kosten der letzten Faktoreinheit zur Bestimmung der Grenzkosten herangezogen werden. In diesem Fall weichen nämlich die durchschnittlichen variablen Kosten von den Grenzkosten ab.

*Beispiel:*
Der Küchenchef von "Essen auf Rädern" überlegt, einen weiteren Auftrag anzunehmen. Er müsste dazu sein Küchenteam eine Stunde länger arbeiten lassen, was 90 € kosten würde. Die Grenzkosten für diesen Auftrag betragen damit also 90 €. Das sind variable Kosten, durch den eventuellen Überstundenzuschlag müssen sie aber nicht gleich hoch sein wie die variablen Kosten der vorigen Einheit.

Solange die Grenzkosten niedriger sind als die Grenzerlöse, also die zusätzlichen Erlöse durch den Verkauf der letzten zusätzlich produzierten Einheit, bringt eine Produktionserhöhung einen zusätzlichen Gewinn. Die Absatzmenge, die unter den gegebenen Bedingungen zu dem höchsten Gewinn führt, ist erreicht, wenn die Grenzkosten den Grenzerlösen entsprechen.

Die Skizze soll den Zusammenhang für eine typische Situation mit typischen Kostenverläufen verdeutlichen: Genau bei der Menge, bei der die Grenzkosten dem Grenzerlös (Preis) entsprechen, ergibt sich die größte Differenz zwischen Gesamterlös und Gesamtkosten.

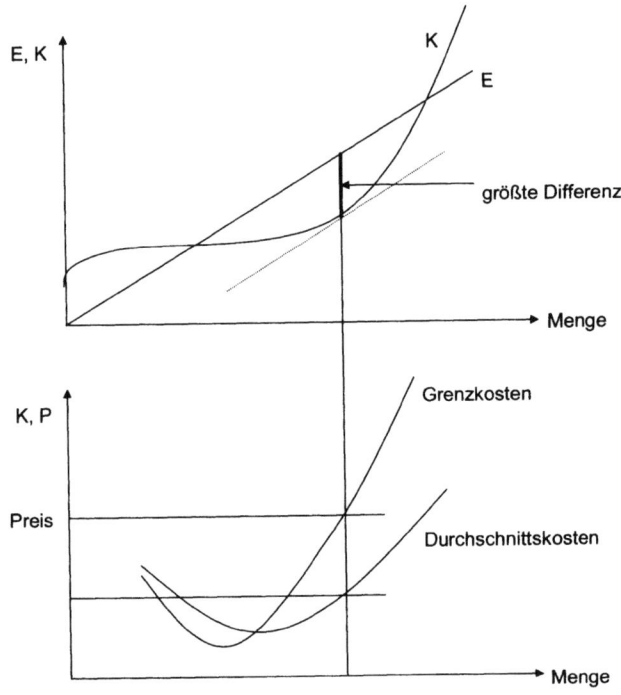

Diese theoretischen Überlegungen führen zu erheblichen praktischen Auswirkungen, wenn Gewinnmaximierung angestrebt wird. So wird in einer Situation, in der ein Marktpreis durch einen einzelnen Anbieter nicht zu beeinflussen ist (vollkommene Konkurrenz), genau die Menge angeboten werden, bei der die Grenzkosten dem Marktpreis entsprechen. Wenn nämlich bei vorgegebenem Marktpreis bei jeder zusätzlichen Einheit die Grenzkosten steigen, sinkt von

36

diesem Punkt an der Gewinn: Die Erlöse sind nicht zu beeinflussen und die Kosten für jede zusätzliche Einheit liegen höher, das Gesamtergebnis verschlechtert sich.

Das Monopol ist das andere Extrem, das die besondere Bedeutung der Grenzkosten erkennen lässt. Bei dieser Marktform gibt es nur einen Anbieter und viele Nachfrager. Der Anbieter sieht sich also einer gegebenen Nachfragesituation gegenüber und kann durch Mengen- oder Preisgestaltung sein Gewinnmaximum bestimmen. Die Mengenvariante lässt sich an der Skizze erläutern:

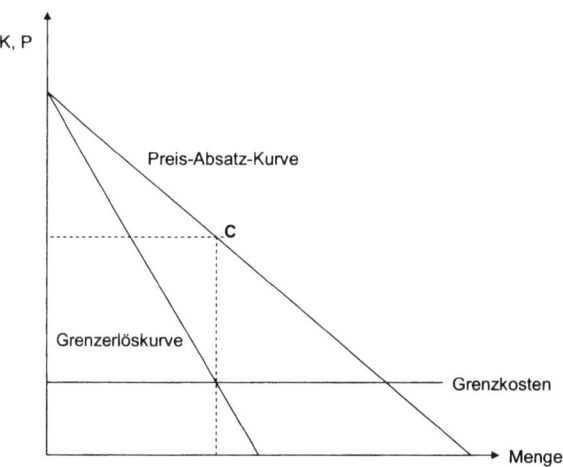

Die Preis-Absatz-Funktion beschreibt die individuelle Situation des Monopolisten auf seinem Markt ohne Konkurrenten; jede Preis-Mengen-Kombination auf dieser Kurve könnte von ihm realisiert werden. Aus Sicht des Monopolisten wird die Menge gesucht, bei der die Grenzkosten den Grenzerlösen entsprechen. Ausgehend von diesem Punkt lässt sich auf der Mengenachse die gewinnmaximale Absatzmenge ablesen, die Preis-Absatz-Funktion bestimmt den zugehörigen Preis. Der Punkt C, der aus Sicht des Monopolisten die optimale Preis-Mengen-Kombination angibt, wird nach einem französischen Forscher[16] "Cournot'scher Punkt" genannt.

### 3.2.3 Gesamtkosten und Durchschnittskosten

---

[16] Antoine Auguste Cournot, 1801 - 1877

Die gesamten Kosten, die bei der Erstellung eines Produktes anfallen, setzen sich aus den jeweiligen Fixkosten und den variablen Kosten zusammen.

$$K_G = K_f + K_v$$

Bei einem proportionalen Verlauf der variablen Kosten lässt sich die Zusammensetzung der Gesamtkosten wie folgt skizzieren:

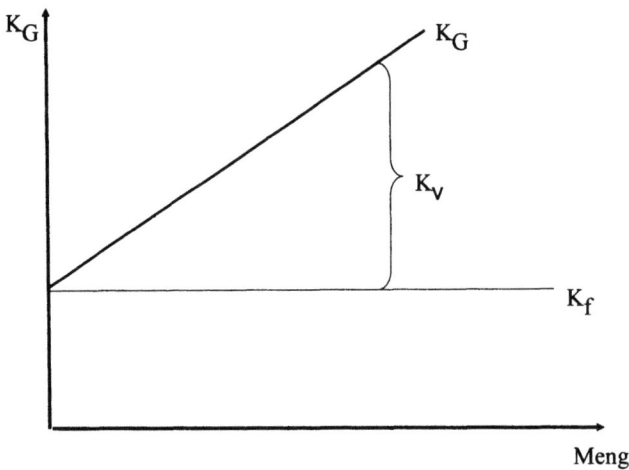

Die folgende Skizze zeigt exemplarisch, wie der Verlauf der Gesamtkosten von den Annahmen über die fixen und variablen Kosten bestimmt wird. Bei intervallfixen Kosten und linearen variablen Kosten ergibt sich folgende Situation:

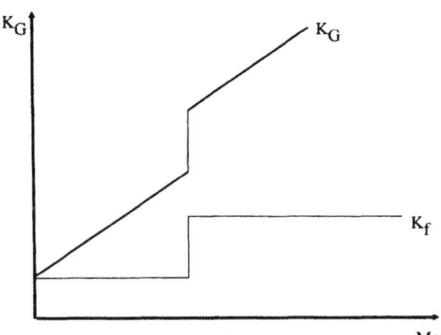

Kostenarten, die sowohl fixe wie variable Bestandteile enthalten, werden als "Mischkosten" bezeichnet. Die Wertminderung einer Maschine kann z.B. altersbedingt und nutzungsbedingt sein. Die Alte-

38

rung ist auf die Sicherstellung der Betriebsbereitschaft zurückzuführen und daher fix, die Nutzung ist dagegen variabel.

Soll bei einer bestehenden Organisation allerdings eine Aufteilung in variable und fixe Kosten vorgenommen werden, ist die Zuordnung in der Regel schwierig und nicht immer eindeutig. Die Betriebswirtschaftlehre hat eine Reihe von Methoden zur Aufteilung entwickelt, die aber in der Regel Erfahrungswerte voraussetzen.

Wenn bei unterschiedlichen Leistungsmengen die jeweiligen Gesamtkosten bekannt sind, ist eine mathematische Kostenaufteilung möglich.

*Beispiel:*

In einer Großküche wird "Essen auf Rädern" produziert. Die Gesamtkosten betragen bei 2.000 Essen im Monat 14.000 €, bei 2.500 Essen 16.000 €. Bei gleicher Personal- und Küchenausstattung (Fixkosten) lässt sich die Aufteilung ermitteln:

| | Menge | Gesamtkosten |
|---|---|---|
| | 2.000 Essen pro Monat | 14.000 € |
| | 2.500 Essen pro Monat | 16.000 € |
| Veränderung | 500 | 2.000 € |

Die Kostendifferenz bezieht sich ausschließlich auf die Materialkosten (variabel). Wenn sie bei 500 Essen 2.000 € beträgt, beträgt der Wert des Materialeinsatzes pro Essen 4 €. Damit ergibt sich

| Gesamtkosten | 14.000 € |
|---|---|
| variable Kosten: 2.000 x 4 € | 8.000 € |
| Fixkosten | 6.000 € |

In vielen Bereichen wird die Aufteilung in fixe und variable Kosten genutzt, um ein attraktives Angebot machen zu können.

*Beispiel:*
Eine Telefongesellschaft bietet zwei Tarife an:

| Tarif A | | Tarif B | |
|---|---|---|---|
| Kosten je Minute | 0,99 | Kosten je Minute | 1,69 |
| Grundgebühr je Monat | 29,00 | Grundgebühr | 0,00 |

Die Aufteilung in variable und fixe Kosten entscheidet in Abhängigkeit von der Nutzungszeit pro Monat, welcher Tarif der kostengünstigere ist. Bei mehr als 41 Minuten wird man sich für den Tarif A entscheiden, bei geringerer Gesprächszeit für Tarif B[17].
Ähnliche Überlegungen gibt es z.b. bei der Bahncard, dem Bezug von E-nergie und bei Internet-Nutzung.

Die Gesamtkosten werden bestimmt von den in der Organisation gegebenen Produktionsbedingungen, die sowohl die Höhe der Gesamtkosten als auch das Verhältnis der fixen zu den variablen Kosten bestimmen.
Wenn die Gesamtkosten und die hergestellte Menge bekannt sind, lassen sich die durchschnittlichen Kosten je Produktionseinheit durch einfache Division ermitteln.

$$\text{Durchschnittskosten} = \frac{\text{Gesamtkosten}}{\text{Gesamtstückzahl}}$$

*Beispiel:*
Die Gesamtkosten für "Essen auf Rädern" betragen 14.000 €.

| Gesamtkosten | Anzahl der Essen | durchschnittliche Kosten pro Essen |
|---|---|---|
| 14.000 € | 2.000 | 7,00 € |
| 14.000 € | 2.500 | 5,60 € |
| 14.000 € | 3.500 | 4,00 € |

---

[17] $\dfrac{\text{Fixkosten des A} \quad - \quad \text{Fixkosten des B}}{\text{variable Kosten des B} \quad - \quad \text{variable Kosten des A}} = \dfrac{29}{0,7} = 41,42$

Je größer die produzierte Menge bei konstanten Gesamtkosten ist, desto niedriger sind die durchschnittlichen Kosten je produzierte Mengeneinheit. Weil die Fixkosten durch eine größere Stückzahl geteilt werden, entfällt ein kleinerer Anteil auf jedes einzelne Stück. Dadurch sinken die Durchschnittskosten bei steigender Kapazitätsauslastung.

Die Fixkosten können definitionsgemäß kurzfristig nicht abgebaut werden, deshalb verteilen sie sich bei geringerer Ausbringungsmenge auf weniger Einheiten; die Belastung mit den Fixkosten nimmt pro Stück zu. Dieser Sachverhalt wird Fixkostendegression genannt.

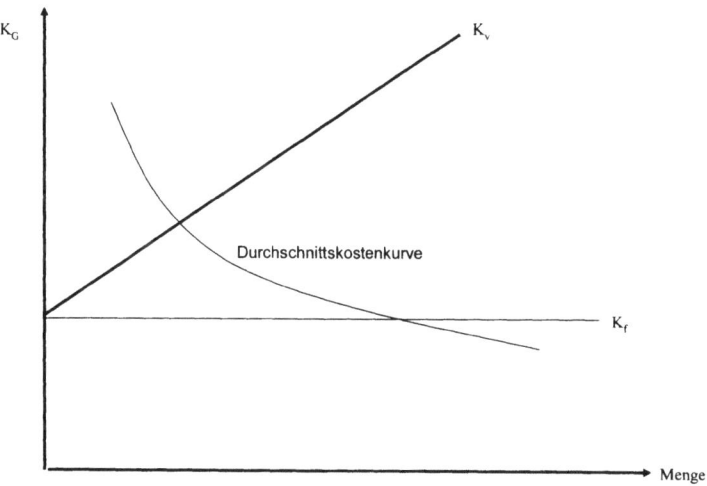

Wenn bei rückläufiger Beschäftigung kostensenkende Anpassungsprozesse schwierig sind und deshalb unterbleiben, wird von Kostenremanenz gesprochen.

*Beispiel:*
In einer Seniorenresidenz ist ein attraktiver Fitnessraum eingerichtet, der aber nicht genutzt wird. Eine Schließung hätte voraussichtlich -neben den Umbaukosten- einen Verlust an Attraktivität für die potenziellen Bewohner zur Folge. Man wird darauf verzichten, den Fitnessraum zu schließen und die Kosten zu vermeiden.

### 3.2.4 Einteilung der Kosten

Wenn die Kostenrechnung als innerbetriebliches Informationssystem verstanden wird, müssen zweckorientiert die relevanten Kosten ermittelt werden. Damit wird es notwendig, den Aufgabenstellungen entsprechende Einteilungen der Kosten vorzunehmen.

#### 3.2.4.1 Einteilung nach Produktionsfaktoren

Die Einsatzfaktoren, die in unterschiedlichen Kombinationen an der Produktion beteiligt sind, werden Produktionsfaktoren genannt. Die Betriebswirtschaftlehre kennt klassisch Arbeit, Betriebsmittel und Werkstoffe. Je nach den Informationsnotwendigkeiten kann eine Erweiterung und Untergliederung für Zwecke der Kostenrechnung erfolgen.

| | |
|---|---|
| Arbeitskosten | Löhne, Gehälter, Prämien, Personalnebenkosten usw. |
| Betriebsmittelkosten | Maschinen, Fahrzeuge, Mieten, Instandhaltung usw. |
| Werkstoffkosten | Roh-, Hilfs- und Betriebsstoffe und damit zusammenhängende Kosten |

| | |
|---|---|
| Kapitalkosten | Zinsen, Gebühren u.ä. |
| Dienstleistungskosten | Telefon, Versicherungen, Steuerberatung usw. |
| Absatzkosten | Werbung, Vertrieb, Verpackung, Versand usw. |
| Wagniskosten | Betriebsstörungen, Diebstahl, Konstruktionsfehler, Produktionsmängel u.ä. |
| Abgaben | Steuern, Gebühren |

#### 3.2.4.2 Einteilung nach Betriebsfunktionen

Betriebsfunktionen stellen abgegrenzte und eigenständige Verantwortungsbereiche dar. Deshalb kann es sinnvoll sein, unter kostenrechnerischen Gesichtspunkten eine solche Gliederung vorzunehmen und danach Kostenstellen zu bilden. Die wichtigsten vier werden als Hauptkostenstellen bezeichnet.

| | |
|---|---|
| Material | Materialeinkauf, -lagerung, Lagerbuchhaltung usw. |
| Fertigung | Planung, Entwicklung, Forschung, Betriebsmittel, Werkstoffe, Meisterbüro usw. |
| Verwaltung | Allgemeine Verwaltungskosten, Leitung, Controlling, Rechnungswesen usw. |
| Vertrieb | Werbung, Außendienst, Verpackung, Transport usw. |

### 3.2.4.3 Einteilung nach der Zuordnung zu den Leistungen

Diese Einteilung bezieht sich auf eines der wichtigsten Probleme der Kosten-rechnung, nämlich die verursachungsgerechte Zuordnung der Kosten.

| | |
|---|---|
| Einzelkosten | Diese Kosten direkt dem einzelnen Produkt zugerechnet werden. |
| Gemeinkosten | Diese Kosten sind nicht direkt einem einzelnen Produkt zurechenbar. Sie fallen für alle Produkte oder Produktgruppen gemeinsam an und können ohne rechnerische Zwischenschritte nicht anteilig zugeordnet werden. |
| Sondereinzelkosten | Diese Kosten entstehen durch die besondere Behandlung eines einzelnen Stückes aus einer Sorte. |

## 3.3 Kostenarten

Eine systematische Erfassung und Gliederung der verschiedenen Kosten nach ihrem Ursprung ist die Basis für alle weiteren Überlegungen. Sie ist erforderlich, um die Vollständigkeit sicher zu stellen und Entscheidungen treffen zu können über ihre Berücksichtigung, Verteilung und das Kostenmanagement.

### 3.3.1 Personalkosten

Bei den Personalkosten sind zunächst die Löhne und Gehälter zu berücksichti-gen. Aber bereits dabei tauchen zwei Probleme auf:
- Welche Kosten zählen zu den Personalkosten, welche Lohnebenkosten sind zu berücksichtigen?
- Wie werden die Löhne und Gehälter erfasst?

Bei der Ermittlung der Höhe der Personalkosten ergeben sich bereits Gestal-tungsmöglichkeiten, hier wird auf eine möglichst vollständige Berücksichtigung abgestellt. Zu unterscheiden ist zwischen gesetzlichen und tarifli-chen/betrieblichen Lohnebenkosten.

Zu den gesetzlichen Personalnebenkosten zählen
- Beiträge zur Sozialversicherung. Sie werden von den Sozialversicherungs-trägern[18] festgelegt und anteilig vom Arbeitgeber und Arbeitnehmer getra-

---

[18] Eine Übersicht bei www.bund.de/Verwaltung-in-Deutschland/Bund/Die-Bundesverwaltung-thematisch/Sozialversicherungsträger-knoten.html_nnn=true

gen. Dazu gehören die Renten-[19] , Kranken-[20], Pflege-[21], Arbeitslosen-[22] und Unfallversicherungen[23] .

- Bezahlte Feiertage. Das können gesetzliche Feiertage sein (z.b. Neujahr, Karfreitag, Weihnachten, zum Teil unterschiedlich in den einzelnen Bundesländern) oder solche aufgrund von Brauchtum (z.b. Karneval/Fasching) oder betrieblicher Übung (z.b. Heiliger Abend)[24]. Diese Personalnebenkosten führen zwar nicht zu Zahlungen, sind aber trotzdem zu berücksichtigen, denn sie beeinflussen die Kostenstruktur, etwa das Gehalt pro Arbeitsstunde.
- Lohnfortzahlung bei Krankheit. Arbeitnehmer haben Anspruch darauf, dass ihr Arbeitsentgelt bei Krankheit sechs Wochen lang weiter gezahlt wird.
- Mutterschutz. Darunter werden zahlreiche Schutzvorschriften zusammengefasst[25]. Die wichtigsten sind Kündigungsschutzvorschriften und ein Beschäftigungsverbot sechs Wochen vor und acht Wochen nach der Entbindung.
- Als weitere gesetzliche Personalnebenkosten gelten Insolvenzgeld, Schwerbehindertenabgabe, gesetzlicher Bildungsurlaub[26] , Aufwendungen gemäß Betriebsverfassungsgesetz[27] , Werksärztlicher Dienst.

Zu den tariflichen/betrieblichen Lohnebenkosten zählen
- Urlaub. Arbeitnehmer haben einen gesetzlichen Anspruch auf 24 Werktage bezahlten Urlaub[28] . Da zu den Werktagen alle Tage zählen, die nicht Sonntage oder gesetzliche Feiertage sind, sind das in der Regel 4 Wochen. Tatsächlich ist ihr Anspruch aber meistens höher, weil tarifvertragliche, betriebliche oder arbeitsvertragliche Regelungen einen längeren Urlaub vorsehen. Üblich ist ein Urlaubsanspruch von etwa 6 Wochen.
- Urlaubsgeld. Auf Urlaubsgeld besteht kein gesetzlicher Anspruch. Es handelt sich um eine Geldleistung, die zusätzlich zum Urlaubsentgelt (Lohnfortzahlung während des Urlaubs) gezahlt wird. Grundlage kann ein Tarifvertrag, ein Arbeitsvertrag oder eine betriebliche Übung sein. Die Höhe ist

---

[19] Eine Übersicht findet sich z.b. unter  www.lva.de
[20] Vgl. § 4 SGB V und www.versicherungsnetz.de
[21] Vgl. http://bundesrecht.juris.de/bundesrecht/GESAMT_index.html
[22] Vgl. www.arbeitsagentur.de
[23] Vgl. www.hvbg.de und für den öffentlichen Dienst www.unfallkassen.de
[24] Wiederholt ein Arbeitgeber ein bestimmtes Verhalten (Z.B. Zahlung eines 13. Monatsgehaltes) mehrfach, darf der Arbeitnehmer daraus schließen, dass diese Leistung auf Dauer gewährt wird. Vgl. z.b. www.bernhard-stiedl.de/uebung.htm
[25] Vgl. z.b. www.gyn.de
[26] Vgl. www.bildungsurlaub.de
[27] Z.B. Freistellung von Betriebsräten, Betriebsversammlungen
[28]Vgl. § 3 BUrlG

unterschiedlich, Tarifverträge sehen z.B. einen festen Betrag pro Urlaubstag oder einen prozentualen Anteil eines Monatsgehaltes vor[29].

- 13. Gehalt. Diese Leistung wird oft als "Weihnachtsgeld" bezeichnet. Sie ist meistens -aber nicht immer- in einem Tarifvertrag geregelt und kann auch höher oder niedriger als ein Monatsgehalt sein. Die Gewährung von Weihnachtsgeld kann an bestimmte Voraussetzungen gebunden sein, ebenso sind Rückzahlungsansprüche möglich, beispielsweise bei Ausscheiden vor einem bestimmten Zeitpunkt.

- Betriebliche Altersversorgung. Dabei handelt es sich um die Vereinbarung einer Betriebsrente, die als freiwillige Zusatzleistung sehr unterschiedlich ausgestaltet sein kann. Die Grundlagen und Bedingungen sind geregelt im Betriebsrentengesetz[30], die wichtigsten Formen sind die Pensionszusage, die Direktversicherung mit und ohne Gehaltsumwandlung, Pensionskasse und Pensionsfonds[31].

- Weitere Personalnebenkosten können Essens- oder Kantinenzuschüsse, freiwillige Prämien, Fahrtkostenübernahme, Jubiläumszuwendungen, günstige Werkswohnungen, Arbeitgeberdarlehen oder Ähnliches sein.

Die folgende Skizze zeigt die einzelnen Elemente der Personalnebenkosten in typischer Verteilung. Die genaue prozentuale Verteilung ist je nach Branche unterschiedlich und ändert sich häufig, deshalb wird auf Zahlenangaben verzichtet[32].

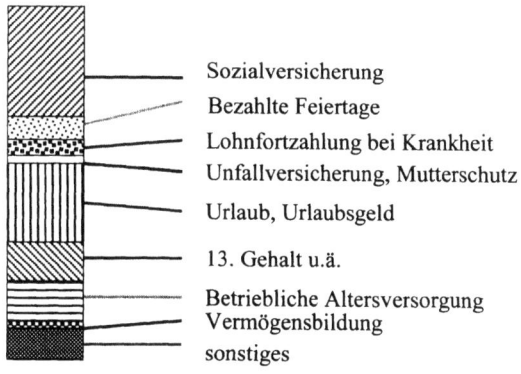

Sozialversicherung

Bezahlte Feiertage

Lohnfortzahlung bei Krankheit

Unfallversicherung, Mutterschutz

Urlaub, Urlaubsgeld

13. Gehalt u.ä.

Betriebliche Altersversorgung
Vermögensbildung

sonstiges

---

[29] Vgl. www.ngg.net
[30] Vgl. www.bmgs.bund.de/download/gesetze_web/betravginhalt.htm
[31] Vgl. www.finanztip.de
[32] Die aktuellen Statistiken werden veröffentlicht unter www.destatis.de/cgi-bin/wwwwais

Wenn die gesamten möglichen Personalnebenkosten berücksichtigt werden, muss von einer Größenordnung ausgegangen werden, die bei fast 80% des Grundgehaltes liegt.[33] Dieser Prozentsatz erscheint insbesondere Praktikern sehr hoch. Der Grund dafür ist darin zu sehen, das vielfach auf die tatsächlichen Lohn- und Gehaltszahlungen lediglich die tatsächlichen weiteren Auszahlungen bezogen werden (z.b. die Arbeitgeberbeiträge zur Sozialversicherung), nicht jedoch die Aufwendungen, die Kosten sind, aber nicht zu Auszahlungen führen (z.b. bezahlte Feiertage, Mutterschutz und Urlaub).

Die Erfassung der Personalkosten erfolgt relativ unproblematisch über die Gehaltslisten, bei Zeitlohnempfängern durch Zeiterfassungsgeräte und bei Akkordlohnempfängern durch Mengenbelege.

Die Gehaltsabrechnung könnte dann diesem Grundschema folgen:

|  |  |  |
|---|---|---|
| Grundvergütung | | |
| + | Zuschläge | |
| ./. | Abzüge | Lohnsteuer |
| | | Solidaritätszuschlag |
| | | Kirchensteuer |
| | | Steuerabzüge |
| | | Krankenversicherung |
| | | Rentenversicherung |
| | | Arbeitslosenversicherung |
| | | Sozialversicherung |
| Nettoentgelt | | |
| ./. | Privatabzüge | Abtretungen |
| | | Gehaltsvorschüsse |
| | | Miete Werkswohnung |
| | | u.ä. |
| Auszahlung | | |

Schwieriger ist die Berücksichtigung der Tatsache, dass nicht alle Lohnbestandteile gleichmäßig über das Jahr verteilt gezahlt werden. Das könnte dazu führen, dass Rechnungen, die sich auf den Teil einer Periode -z.b. einen Monatbeziehen, zu unterschiedlichen Personalkosten und dadurch zu einer Verzerrung führen. Die Kostenrechnung strebt aber an, zu Vergleichszwecken unregelmäßig anfallende Kosten auf ein einheitliches Volumen umzurechnen.

---

[33] Der genaue Prozentsatz hängt ab von der aktuellen rechtlichen Situation und den Regelungen in der jeweiligen Organisation.

*Beispiel:*

In einer Schuldenberatungsstelle ergeben sich im Verlauf eines Jahres rechnerisch folgende Personalkosten:

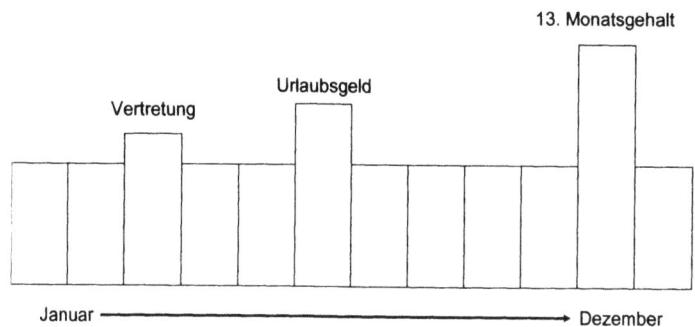

Die Personalkosten sind bei gleicher Leistung monatlich unterschiedlich. Das aber verzerrt jede Ermittlung der tatsächlichen Kosten je Monat. Sollen diese Verzerrungen vermieden werden, können die Personalkosten über einen längeren Zeitraum ermittelt und dann der Durchschnittswert für Teile der Periode ermittelt werden. Bei Betrachtung des ganzen Jahres ergäben sich bei der Schuldenberatung diese durchschnittlichen monatlichen Personalkosten:

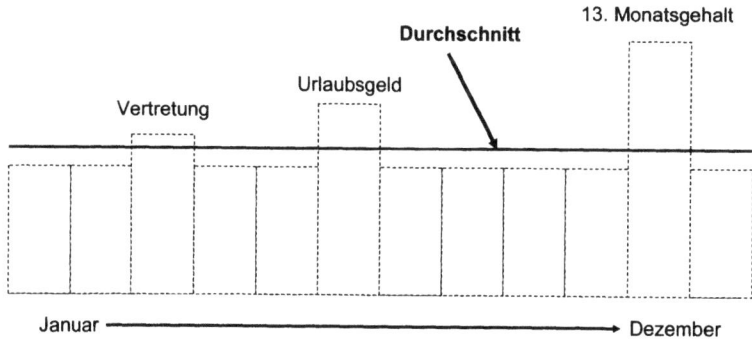

Die unregelmäßig angefallenen Kosten sind gleichmäßig über das Jahr verteilt worden. Auf diese Weise ergeben sich zuverlässige Aussagen, zufällige rechnerische Schwankungen werden vermieden.

### 3.3.2 Materialkosten

Die Materialkosten umfassen die gesamten Kosten für das Fertigungsmaterial, also für die Roh-, Hilfs- und Betriebsstoffe und die zugehörigen Materialgemeinkosten. Ihr Anteil an den Gesamtkosten ist abhängig von der Art der Produkte, bei Dienstleistungen wird er geringer sein als bei Sachgütern.
Materialkosten sind zunächst die Kosten des Materialverbrauchs. Ermittelt werden müssen daher die eingesetzten Mengen und ihr Wert.

### 3.3.2.1 Ermittlung der Verbrauchsmengen

Eine einfache Möglichkeit, den mengenmäßigen Materialverbrauch zu ermitteln, ist die Aufzeichnung mit Hilfe von Materialentnahmescheinen, auch Skontrationsmethode genannt. Auf spezifisch geeignete Weise - das muss nicht unbedingt ein Papier sein, sondern kann z.B. auch eine elektronische Information sein - werden die Mengen festgestellt, die für die Herstellung der Produkte verbraucht worden sind. Es fließen also nicht die Daten der idealerweise benötigten, sondern der tatsächlich verbrauchten Mengen ein. Diese Methode ist sehr genau, erfordert aber hohen Arbeitsaufwand.

*Beispiel:*

|   | Abgang 1 | laut Materialentnahmeschein |
|---|---|---|
| + | Abgang 2 | laut Materialentnahmeschein |
| + | Abgang 3 | laut Information über das Eingabeterminal |
| ./. | Rücknahme | nicht benötigtes Material laut Korrekturschein |
| = | Verbrauchsmenge | |

Der so ermittelte aktuelle Materialbestand ist ein rechnerisch ermittelter Soll-Bestand, eventuelle Differenzen zum tatsächlichen Bestand müssen durch eine Inventur ermittelt werden.
Alternativ kann die Befundrechnung eingesetzt werden. Dabei ergibt sich der Verbrauch aus der Differenz zwischen Anfangs- und Endbestand:

|   | Anfangsbestand |
|---|---|
| + | Zugänge |
| ./. | Endbestand |
| = | Verbrauch |

Das Problem liegt hier in der Ermittlung des Endbestandes, der durch Inventur festgestellt werden muss. Das kann relativ aufwändig sein, deshalb ist im Einzelfall zu prüfen, ob diese Methode unter wirtschaftlichen Gesichtspunkten angewandt werden kann.

Schließlich ist auch noch möglich, vom fertigen Produkt mit der retrograden Methode auf den Verbrauch zu schließen. Dazu muss aber exakt festgestellt werden, welche Materialien in welcher Menge in eine Produktionseinheit eingehen. Wenn diese dann mit der Anzahl der Produkte multipliziert wird, erhält man die Information über den Materialverbrauch:

Die retrograde Methode ist rechnerisch elegant, hat jedoch den Nachteil, dass Differenzen zum Soll-Bestand nicht ermittelt werden können. Dazu ist dann eine der anderen Methoden notwendig.

### 3.3.2.2 Ermittlung der Verbrauchswerte

Wenn die Mengenermittlung erfolgt ist, stellt die Bewertung des Verbrauchs[34] eine weitere Schwierigkeit dar. Wenn der Preis der beschafften Güter auf Grund der Mengenermittlung direkt einem Produkt zugeordnet werden kann, lässt sie sich leicht lösen. Ein Problem ergibt sich aber, wenn das Material zu unterschiedlichen Preisen beschafft worden ist. Zwei Bewertungsverfahren werden dazu genannt.

Einfach und transparent ist die Bewertung zu durchschnittlichen Anschaffungskosten, wobei das arithmetisch Mittel zu größeren Ungenauigkeiten führt als der gewichtete Durchschnitt. Ein aus kostenrechnerischer Sicht schwerer Nachteil ist aber, dass der Durchschnittspreis allenfalls zufällig, in der Regel aber nicht den Preis darstellt, der zur Wiederbeschaffung der gleichen Menge erforderlich wäre. Da ein wesentliches Ziel aber die Substanzerhaltung ist, sollte der zugemessene Wert über den Erlös die Wiederbeschaffung der verbrauchten Materialien ermöglichen.

Deshalb kann die Verwendung von Verrechnungspreisen vorteilhafter sein, die den Durchschnitt der Anschaffungskosten eines vergangenen Zeitraumes abbilden und zusätzlich zukünftige Preiserwartungen durch einen Aufschlag

---

[34] Auf die handels- und steuerrechtlichen Vorschriften wird hier nicht eingegangen. Vgl. dazu z.B. Endriss, H.W. (Hrsg.), Bilanzbuchhalterhandbuch, Herne, Berlin, 5. Aufl. 2005

berücksichtigen. Bei Verwendung von Verrechnungspreisen werden Marktpreisschwankungen weitestgehend ausgeschaltet. Das Problem bei dieser Methode liegt in der Festlegung der Höhe des Aufschlages auf die Durchschnittspreise, denn wenn darin die zukünftigen Preiserwartungen zum Ausdruck kommen sollen, ist eine Schätzung der zukünftigen Entwicklung notwendig, und die ist immer mit Unsicherheit verbunden.

Zusätzlich sind auch diejenigen Materialkosten zu berücksichtigen, die einem einzelnen Produkt nicht direkt zugeordnet werden können, sondern für die Beschaffung des Materials insgesamt anfallen. Diese so genannten Materialgemeinkosten lassen sich weiter unterteilen, zu ihnen gehören die Kosten

- des Materialeinkaufs. Durch die Beschaffung muss sichergestellt werden, dass alle notwendigen Faktoren, die zur Erstellung eines Produktes erforderlich sind, in der richtigen Menge, in der richtigen Qualität zum richtigen Zeitpunkt am richtigen Ort zur Verfügung stehen. Um die Produktionsmöglichkeiten zu sichern und gleichzeitig die Lagerkosten niedrig zu halten, wird mit Hilfe der Bedarfsplanung

- die optimale Bestellmenge ermittelt
- die optimale Bezugsquelle ermittelt
- der optimale Bestellzeitpunkt festgelegt
- der optimale Bestand bestimmt

Bei steigender Bestellmenge sinken die Kosten der Bestellungen, weil die Zahl der Bestellvorgänge abnimmt, aber der durchschnittliche Lagerbestand nimmt zu.

Der optimale Bestellzeitpunkt hängt davon ab, wie sich der Materialverbrauch zeitlich darstellt.

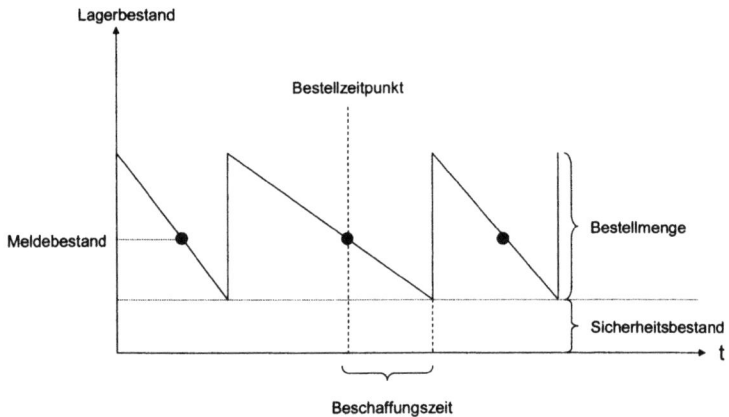

50

- Das Bestellpunktverfahren orientiert sich am Meldebestand, der so gewählt sein muss, dass - unter Berücksichtigung eines notwendigen Sicherheitsbestandes - während der Beschaffungszeit genügend Vorrat vorhanden ist und deshalb weiter produziert werden kann. Die Bestellmenge bleibt bei diesem Verfahren konstant, der Bestellzeitpunkt ist aber nicht festgelegt: Er hängt davon ab, wann der Meldebestand erreicht ist. Zwischen den Bestellungen liegen dadurch unterschiedliche Zeiträume.

- Anders verhält es sich bei dem Bestellrhythmusverfahren, bei dem in gleichen festgelegten Zeitintervallen bestellt wird. Die Zeitpunkte der Bestellungen liegen also fest, aber die Bestellmenge wird vom tatsächlichen Verbrauch abhängig gemacht. Je häufiger Kontrollen zwischen den Bestellrhythmen vorgenommen werden, desto genauer ist die Bestellmenge festlegbar. In der Praxis wird dieses Verfahren eingesetzt, wenn der Lieferrhythmus durch den Lieferanten vorgegeben ist. Sie ergibt sich aus der Differenz zwischen der maximalen Lagerkapazität und den erwarteten Beständen zum Lieferzeitpunkt.

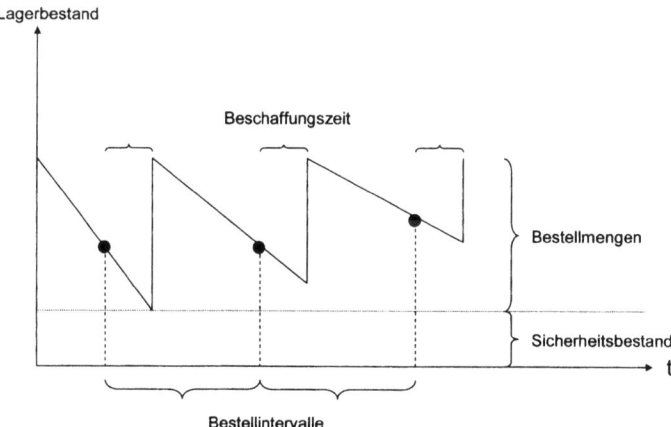

Durch die festen und im Voraus bekannten Bestelltermine wird der Bestellvorgang sehr vereinfacht und bei den Lieferanten werden Rabatte zu erreichen sein.

- der Materialannahme. Bei der Materialannahme findet eine Qualitäts- und Mengenkontrolle statt. Sie ist dadurch Grundlage für die Bezahlung der Rechnungen durch die Kreditorenbuchhaltung (Lieferantenbuchhaltung).

Da beim Handelsgeschäft[35] ein Mangel unverzüglich angezeigt werden muss[36], dient die Eingangskontrolle auch der Durchsetzung eventueller rechtlicher Ansprüche.

- der Materiallagerung. Lager sind die Bereiche, in denen die Roh-, Hilfs- und Betriebsstoffe, die halbfertigen und fertigen Erzeugnisse aufbewahrt werden. Die Lagerhaltung ist kostenintensiv, denn außer den Personalkosten und Kosten für Lagereinrichtungen wie Hallen und Regalen ist die kostenintensive Kapitalbindung zu berücksichtigen. Waren, die gekauft (und möglicherweise verarbeitet) worden sind, aber nicht verkauft werden können, binden finanzielle Mittel[37].

Der Lagerbestand muss sorgfältig überwacht werden, um einerseits Kapazitätsengpässe durch fehlendes Material zu vermeiden und andererseits den Vorrat möglichst gering zu halten. Interne Aufzeichnungen sollten durch physische Kontrollen ergänzt werden.

Die Entscheidungen über Lagerkapazitäten und Lagerausstattung sind letztlich Investitionsentscheidungen.[38] Eine wirtschaftliche Lagerhaltung sieht eine möglichst kurze Lagerdauer und einen möglichst hohen Lagerumschlag vor.

*Beispiel:*
Bei einem Umsatz von 12 Mio € und einem Lagerumschlag von 45 Tagen beträgt der durchschnittliche Wert der Lagervorräte 1,5 Mio € ($\frac{360}{45} = \frac{12}{1,5}$ bzw. $\frac{45 \times 12}{360} = 1,5$). Kann die Umschlaghäufigkeit erhöht, also die durchschnittliche Lagerdauer verkürzt werden, ergäbe sich z.B. bei 30 Tagen Lagerdauer unter sonst genau gleichen Annahmen nur noch ein Wert von 1 Mio € ($\frac{360}{30} = \frac{12}{1}$ bzw. $\frac{30 \times 12}{360} = 1$).

Eine vorratslose Beschaffung ist in der Regel möglich, wenn sie über Versorgungsnetze erfolgt (z.B. Wasser, Elektrizität). Bei manchen Fertigungsmethoden kann auf Lagerhaltung verzichtet werden, wenn das Material für jeden Auftrag kurzfristig beschafft werden kann.

Eine Sonderform stellt das Just-in-time-Konzept dar. Dabei wird das benötigte Material genau zu dem Zeitpunkt angeliefert, zu dem es im Ferti-

---

[35] Vgl. §§ 343 ff. HGB
[36] Vgl. § 377 HGB
[37] Lagerzinskosten $= \dfrac{\text{Durchschnittlicher Lagerbestand} \times \text{marktüblicher Zinssatz} \times \text{durchschnittliche Lagerdauer}}{100 \times 360}$
[38] Vgl. Kap. 6.7

gungsprozess benötigt wird. Dazu ist eine vollständige und logistisch anspruchsvolle Abstimmung zwischen Fertigung und Beschaffung erforderlich.

Aus Sicherheitsgründen sollte im Normalfall mindestens bei sensiblen Gütern ein angemessenes Pufferlager ("Eiserner Bestand") bestehen, um unvorhersehbare und unvermeidbare Lieferengpässe überbrücken zu können.

▪ der Buchhaltung und Inventur. Die Kosten der Buchhaltung sind wie bei allen Geschäftsvorfällen zu berücksichtigen. Von besonderer Bedeutung können aber die manchmal ausgesprochen umfangreichen Arbeiten zur Aufstellung des Inventars sein. Die Inventur ist die mengen- und wertmäßige Aufstellung aller Vermögensgegenstände und Schulden zu einem bestimmten Zeitpunkt.

▪ Die körperliche Inventur ist die mengenmäßige und wertmäßige Aufnahme aller Vermögensgegenstände durch Messen, Zählen, Wiegen.

▪ Die Buchinventur erfasst alle Vermögensgegenstände und Schulden nicht körperlich, sondern nur wertmäßig durch buchhalterische Aufzeichnungen und Belege.

## 3.3.2.3 Bewertung des Materialverbrauchs

Eine direkte Bewertung der Materialkosten zu Anschaffungskosten -ein- schließlich Nebenkosten wie Fracht, Versicherung, Verpackung[39] - ist nur möglich, wenn die - bezogen auf den Einzelverbrauch - bekannt sind. Nur dann ist eine direkte und eindeutige Zurechnung zu den Produkten unmittelbar möglich.

Eine Schwierigkeit entsteht aber, wenn Material im Laufe einer Abrechnungsperiode mehrfach und zu unterschiedlichen Preisen eingekauft worden ist. Dann ist häufig nicht mehr nachvollziehbar, aus welchem der Käufe das Material verbraucht worden ist und damit auch nicht, welche Anschaffungskosten dafür angefallen sind.

Um dieses Problem zu lösen, sind die so genannten Verbrauchsfolgeverfahren entwickelt worden. Sie können zur Anwendung kommen, wenn eine unmittelbar produktbezogene Ermittlung der Anschaffungskosten nicht oder nur sehr schwer und damit unwirtschaftlich möglich ist. Sie unterstellen eine bestimmte Reihenfolge des Verbrauchs, stellen also eine eher willkürliche Annahme dar. Das ist kostenrechnerisch äußerst unbefriedigend, weil die tatsächlich zutreffende Bewertung nur zufällig mit der fiktiven übereinstimmen wird. Das Ziel der

---

[39] Vgl. § 255 HGB

Kostenrechnung muss sein, ein Verfahren anzuwenden, das die tatsächliche Reihenfolge des Verbrauchs berücksichtigt.

Die möglichen Verfahren werden hier dargestellt ohne Rücksicht auf ihre handels- oder steuerrechtliche Zulässigkeit.[40]

- Durchschnittspreisverfahren. Bei diesem Verfahren wird der gewichtete Durchschnitt gebildet aus den jeweiligen Preisen der zu unterschiedlichen Terminen beschafften Mengen. Der so ermittelte Durchschnittspreis wird bei der Kostenermittlung zugrunde gelegt.
- Fifo, First-in-first-out. Es wird unterstellt, dass die Mengen, die zuerst eingekauft worden sind, auch als erste verbraucht worden sind und die folgenden in der Reihenfolge des Einkaufs. Die zuletzt beschafften Mengen sind also noch im Bestand.
- 

*Beispiel:*
Wenn eine Flüssigkeit von oben in einen Tank gefüllt und an einem Auslass unten wieder entnommen wird, erscheint dieses Verfahren plausibel.

- Lifo, Last-in-first-out. Dieses Verfahren geht von der Fiktion aus, dass die Entnahme in der umgekehrten Reihenfolge des Einganges erfolgt: Die zuletzt eingegangenen Materialen werden als erste verbraucht. Damit befinden sich die zuerst beschafften Mengen noch im Bestand.

*Beispiel:*
Wird Schüttgut von oben in einen Behälter gefüllt und von oben auch wieder entnommen, kommt der tatsächliche Verbrauch nahe an die unterstellte Reihenfolge heran.

- Hifo, Highest-in-first-out. Bei diesem Verfahren wird unterstellt, dass sich die Reihenfolge der Materialentnahmen am Preis orientiert. Dadurch wird der rechnerische Wert des Bestandes niedrig gehalten.

*Beispiel:*
In der Küche eines Seniorenheims wird regelmäßig Fleisch eingekauft. Um das Risiko des Verderbens möglichst gering zu halten, hat die Küchenleiterin festgelegt, dass die teuersten Stücke immer zuerst verarbeitet werden sollen.

---

[40] Wenn angenommen wird, dass die Materialien mit den höchsten Einkaufspreisen zuerst verbraucht werden, bilden die mit den niedrigeren Einkaufspreisen den Bestand. Das führt zu einer - aus Sicht des Fiskus unerwünschten - geringeren Steuerbelastung.

- Lofo, Lowest-in-first-out. Diesem Verfahren liegt die Vorstellung zugrunde, dass die am preiswertesten angeschafften Materialien zuerst entnommen werden.

- *Beispiel:*
In einer Hausapotheke sollen von Medikamenten mit dem gleichen Wirkstoff zuerst die preiswerteren ausgegeben werden

*Zusammenfassendes Beispiel:*
In einem Seniorenheim wird viermal in einem Jahr Heizöl eingekauft und in einen großen Tank gefüllt. Die folgende Übersicht zeigt die möglichen Ergebnisse der verschiedenen Verbrauchsfolgeverfahren. Es wird angenommen, dass kein Anfangsbestand vorhanden war und während der Berechnungsperiode 60 Mengeneinheiten verbraucht worden sind. Ermittelt wird der Wert pro Einheit am Ende der Periode.

| Liefertermine | 1.2. | 1.4. | 1.6. | 1.8. | Ver-brauch | Bestand | Wert/Stück |
|---|---|---|---|---|---|---|---|
| Menge | 60 | 40 | 50 | 80 | 60 | 170 | |
| Preis | 60.- | 100.- | 80.- | 50.- | | | |
| | | | | | Bestandswert | | |
| Fifo | | 4.000.- | 4.000.- | 4.000.- | 12.000.- | | 70,58 |
| Lifo | 3.600.- | 4.000.- | 4.000.- | 1.000.- | 12.600.- | | 74,12 |
| Hifo | 3.600.- | | 2.400.- | 4.000.- | 10.000.- | | 58,82 |
| Lofo | 3.600.- | 4.000.- | 4.000.- | 1.000.- | 12.600.- | | 74,12 |
| Durchschnitts-kosten | 15.000.- : 230 | | | | | | 67,83 |

- Verrechnungspreise. Wenn die Einkaufspeise stark schwanken und die Kostenermittlung schwierig ist, gleichzeitig aber eine stetige Kalkulation - möglicherweise über mehrere Perioden hinweg- angestrebt wird, ist die Bewertung mit Verrechnungs- oder Festpreisen sinnvoll. Wegen seiner Wirtschaftlichkeit ist dieses Verfahren in der Praxis weit verbreitet.

Wenn Güter nach ihrem Einkauf nicht zeitnah verbraucht werden, stellt sich die Frage, ob bei im Zeitablauf steigenden Preisen die Einkaufpreise die angemessene Bewertung darstellen. Jedenfalls müssten unter dem Aspekt der Substanzerhaltung, deren Ziel die Kostenrechnung verfolgt, die Preise herangezogen werden, die bei Wiederbeschaffung dieser Materialien nach ihrem Verbrauch gelten werden.

*Beispiel:*
In einer Seniorenresidenz wird Wein zu günstigen Bedingungen eingekauft, durch jahrelange Lagerung wird er besser und wertvoller. Wenn dieser Wein kredenzt wird, muss für einen gleichwertigen Ersatz ein deutlich höherer Preis gezahlt werden.

Zur Vermeidung von Risiken und zur Sicherung der Substanz empfiehlt sich in solchen Fällen, mit Wiederbeschaffungspreisen zu arbeiten. Da es sich um zukünftige Preise handelt und der Blick in die Zukunft immer mit Unsicherheit belastet ist, sind grundsätzlich auch die Wiederbeschaffungspreise unsicher.
Es gibt es verschiedene Möglichkeiten, den Tag festzulegen, zu dem der Wiederbeschaffungspreis ermittelt werden soll.
- Verbrauchstag. Das wäre der Tag, an dem das Material zur Produktion genutzt wird.
- Umsatztag. An diesem Tag wird die Leistungserstellung durch Absatz am Markt verwertet. Er liegt in der Regel nach dem Verbrauchstag, als Grenzfall können beide Tage zusammenfallen.
- Wiederbeschaffungstag. Zu diesem Zeitpunkt wird tatsächlich eine Wiederbeschaffung zur Substanzerhaltung getätigt. Er kann, wird aber normalerweise nicht mit den anderen zusammenfallen.
Die Entscheidung für die eine oder andere Variante ist in Abhängigkeit von der Situation im Einzelfall zu fällen, eine allgemeine Regel gibt es nicht.

### 3.3.3 Kalkulatorische Kosten

Kalkulatorisch Kosten sind Kosten, die keinen betrieblichen Aufwand darstellen oder die zeitlich oder inhaltlich nicht mit dem Aufwand übereinstimmen. Sie tragen dazu bei, die Genauigkeit und damit die Aussagefähigkeit der Kostenrechnung zu verbessern. Sie treten in zwei Formen auf:

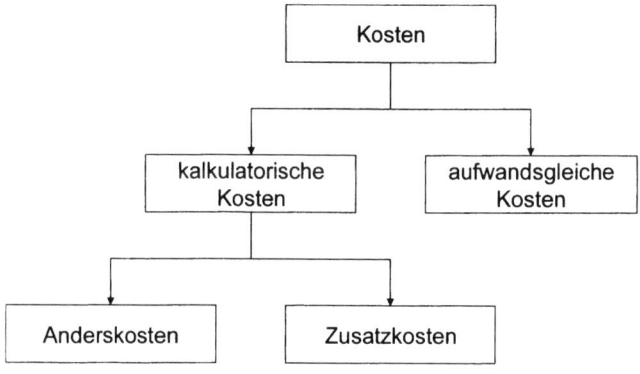

▪ Anderskosten. Diese Kosten werden der Höhe nach in der Finanzbuchhaltung anders erfasst als in der Kostenrechnung. Zwei wesentliche Gründe sind dafür maßgebend:
  ▪ Die Ursachen, die zu diesen Kosten führen, sind außergewöhnlich. Sie würden wegen ihrer Seltenheit das Ergebnis der Kostenrechnung verfälschen und insbesondere die Vergleichbarkeit verschiedener Perioden unmöglich machen.

*Beispiel:*
Durch Unaufmerksamkeit kommt es bei der Produktion "Essen auf Rädern" zu einem Brand in der Küche. Kosten entstehen u.a. durch Produktionsausfall, Renovierung und Anschaffung einer neuen Einrichtung. Würde man diese Kosten direkt in die Kostenrechnung übernehmen, müssten die Essen in dieser Periode teurer werden. Da das aber unerwünscht ist, weil ein so seltenes Ereignis das Ergebnis der Kostenrechnung verfälschen würde, muss eine andere Lösung gefunden werden.

  ▪ In der Finanzbuchhaltung ist es durch gesetzliche Vorschriften nicht immer möglich, den Forderungen der Kostenrechnung nach Substanzerhaltung und Vergleichbarkeit Rechnung zu tragen.
    In den Fällen, in denen sich z.B. die Höhe der Abschreibungen in der Kostenrechnung wegen des Substanzerhaltungszieles an den Wiederbeschaffungskosten orientiert, kommt es zu Abweichungen zur Finanzbuch-

haltung, weil dort die maximale Höhe der Bemessungsgrundlage die - niedrigeren- Anschaffungs- bzw. Herstellungskosten sind. Außerdem wird dort ihre tatsächliche Höhe häufig nicht von der tatsächlichen Wertminderung bestimmt, sondern von steuerlichen und unternehmenspolitischen Überlegungen.

*Beispiel:*
In einem Jugendzentrum wird eine Videokamera zum Preis von 200 € gekauft. Die Leitung des Jugendzentrums geht davon aus, dass eine vergleichbare Kamera, die in 5 Jahren angeschafft werden muss, wenn die alte ersetzt werden muss, dann 300 € kosten wird. Die kalkulatorischen Abschreibungen werden auf der Basis von 300 € erfolgen. In der Finanzbuchhaltung werden die Abschreibungen von den Anschaffungskosten in Höhe von 200 € ermittelt.

- Zusatzkosten. Bei den Zusatzkosten liegt nicht eine andere Höhe vor, sondern sie werden in der Finanzbuchhaltung gar nicht erfasst. Es liegt kein Aufwand vor, wohl aber ein betrieblicher Input, der kostenrechnerisch zu erfassen ist.

*Beispiel:*
Eine Seniorenresidenz, die in der Rechtsform einer GmbH geführt wird, verfügt über Eigenkapital in Höhe von 25% des Gesamtkapitals[41]. In der Finanzbuchhaltung werden dafür keine Aufwandzinsen erfasst, weil keine Auszahlungen erfolgen. Tatsächlich müssen aber in der Kostenrechnung Zinsen für das gesamte Kapital berücksichtigt werden, das zur Erstellung der Betriebsleistung benötigt wird. Dabei darf die Art der Finanzierung keine Rolle spielen.

Eine exakte Trennung zwischen Anders- und Zusatzkosten ist in der Praxis oft nicht möglich, deshalb werden die wichtigsten Arten der kalkulatorischen Kosten ohne diese Zuordnung dargestellt.

3.3.3.1 Kalkulatorische Abschreibungen

Abschreibungen erfassen die tatsächliche Wertminderung von Vermögensgegenständen und verteilen sie als Kosten über die Nutzungsdauer.

---

[41] Gesamtkapital = Eigenkapital + Fremdkapital

*Beispiel:*

In einem Jugendzentrum wird eine Videoausrüstung im Wert von 500 € angeschafft. Nach bisherigen Erfahrungen wird sie etwa fünf Jahre in Gebrauch sein. Gleichmäßige Abnutzung vorausgesetzt, wird der Wert der Ausrüstung gleichmäßig um jeweils 100 € pro Jahr abnehmen. Diese 100 € sind in jeder Periode als Kosten zu berücksichtigen, in der Finanzbuchhaltung jedoch nur die Auszahlung bei der Anschaffung.

In der Kostenrechnung werden die Abschreibungen allerdings nur für das so genannte "betriebsnotwendige Vermögen" vorgenommen das die Vermögensgegenstände umfasst, die zur Leistungserstellung notwendig sind.

|   | Anlagevermögen[42] |
|---|---|
| + | Umlaufvermögen[43] |
| ./. | betriebsfremdes Vermögen |
| = | betriebsnotwendiges Vermögen |

*Beispiel:*

In einem Seniorenheim wird der Geschäftsführerin ein Pkw zur Privatnutzung zur Verfügung gestellt. Der Wagen gehört nicht zum betriebsnotwendigen Vermögen, sein Wertverlust wird in der Kostenrechnung des Seniorenheimes nicht berücksichtigt.

Variante: Sollte es nicht möglich sein, eine qualifizierte Geschäftsführung zu sichern, wenn kein Pkw zur Privatnutzung zur Verfügung gestellt wird, handelt es sich auch bei dem Pkw um betriebsnotwendiges Vermögen.

Die Höhe der Abschreibungen soll die Substanzerhaltung sichern. Es ist deshalb notwendig, trotz der großen Unsicherheiten grundsätzlich die Wiederbeschaffungskosten zum Ersatzzeitpunkt als Bemessungsgrundlage zu nutzen. Die Skizze zeigt den Zusammenhang:

---

[42] Alle Wirtschaftsgüter, die dazu bestimmt sind, dauerhaft dem Geschäftsbetrieb zu dienen.

[43] Die Vermögensgegenstände, die zum Verbrauch oder zur Weiterveräußerung bestimmt sind oder der finanziellen Abwicklung der Geschäfte dienen.

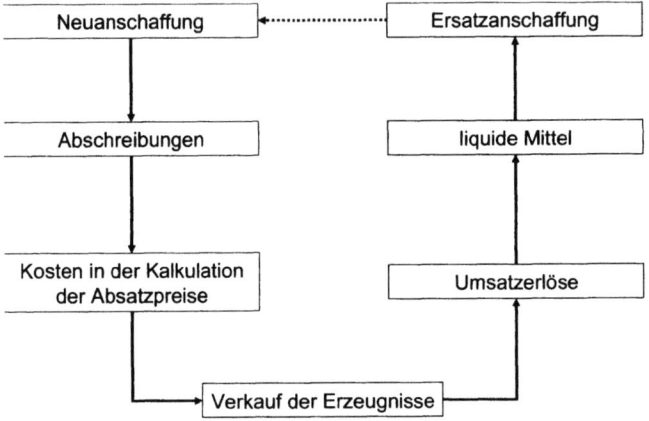

Um eine übersichtliche Darstellung zu ermöglichen, wird im Folgenden davon ausgegangen, dass die Wiederbeschaffungskosten den Anschaffungskosten entsprechen, während der Nutzungsdauer also keine Preissteigerung stattfindet.

Neben der Höhe der Bemessungsgrundlage sind für die Ermittlung der Abschreibungen die Nutzungsdauer und der Verlauf des Wertverlustes von Bedeutung.

Nutzungsdauer

Bei der Ermittlung der kalkulatorischen Abschreibung besteht insofern Unsicherheit, als die Nutzungsdauer nicht sicher prognostiziert werden kann. Unter kostenrechnerischen Aspekten wird man vor allem Erfahrungswerte zugrunde legen, weil dabei die betriebsspezifischen Bedingungen berücksichtigt werden können und sie dadurch voraussichtlich der tatsächlichen Nutzungsdauer nahe kommen.

*Beispiel:*
Eine gleichartige Fotoausrüstung wird sowohl für eine Jugendgruppe als auch für ein Seniorenzentrum angeschafft. Die Erfahrungen in den beiden Einrichtungen werden wahrscheinlich zu unterschiedlichen prognostizierten Nutzungszeiten führen.

Eine Prognose wird besonders schwierig, wenn keine Erfahrungswerte vorliegen. Um nicht von spekulativen Schätzungen abhängig zu sein, bietet sich die Orientierung an den AfA-Tabellen an[44]. Die sind zwar für steuerliche Zwecke entwickelt, bieten aber nützliche Anhaltspunkte. Wenn für das Ende der prognostizierten Nutzungszeit ein Liquidationserlös (z.B. Verkauf, Inzahlungnahme, Verschrottungserlös) erwartet werden kann, ist er entsprechend zu berücksichtigen.

Unter diesen Voraussetzungen lassen sich Abschreibungsbeträge im Normalfall übersichtlich und nachvollziehbar ermitteln. Problematisch sind aber die Fälle, in denen sich während der Nutzungszeit ergibt, dass die ursprüngliche Einschätzung der Nutzungsdauer falsch war.

*Beispiel:*
In einer beschützenden Werkstatt wird ein Brennofen für die Herstellung von Keramikwaren zum Preis von 10.000.- € angeschafft. Die Nutzungsdauer wird mit 5 Jahren bei gleichmäßigem Wertverzehr angenommen.

| | | |
|---|---|---|
| Abschreibungsbetrag | 1. Jahr | 2.000,- € |
| | 2. Jahr | 2.000,- € |
| | 3. Jahr | 2.000,- € |
| | 4. Jahr | 2.000,- € |
| | 5. Jahr | 2.000,- € |
| Restwert | | 0,- € |

Nach 2 Jahren ergeben sich neue Erkenntnisse: Die Nutzungsdauer wird nicht 5, sondern 8 Jahre betragen. Da 2 x 2.000,- € bereits abgeschrieben sind, stellt sich die Frage, wie die Verteilung auf die restlichen 6 Jahre erfolgen soll. Zwei Möglichkeiten bieten sich an:

In der Variante I wird der in den ersten beiden Jahren noch nicht abgeschriebene Betrag gleichmäßig auf die neue Restnutzungsdauer verteilt. Dadurch wird zwar ein Restwert von 0,- € erreicht, aber das Problem wird letztlich fortgeschrieben: In allen Jahren entsprechen die Abschreibungsbeträge nicht der tatsächlichen Wertminderung: In den ersten beiden Jahren sind sie zu hoch, danach zu niedrig. Die Abschreibungen sind in keiner Periode kostenrechnerisch zutref-

---

[44] Die von der Finanzverwaltung herausgegebenen AfA-Tabellen beschreiben die betriebsgewöhnliche Nutzungsdauer.
Vgl.z.B. www.urbs.de/afa/home.htm. und www.steuernetz.de/afa2001/

fend ermittelt worden. Fehler dürfen aber nicht durch andere Fehler ausgeglichen werden.

In der Variante II ist zwar die Summe der Abschreibungsbeträge höher als die Anschaffungskosten (und damit aufgrund der Annahme, dass während der Nutzungsdauer keine Preiserhöhungen erfolgen, auch höher als die Wiederbeschaffungskosten), aber in den Jahren 3 bis 8 sind die Beträge angesetzt, die kostenrechnerisch dem tatsächlichen Werteverbrauch entsprechen. Der Fehler aus den ersten beiden Jahren ist nicht mehr korrigierbar, aber die Kosten werden so weit wie möglich korrekt ermittelt.

|  |  | Ausgangsfall | Variante I | Variante II |
|---|---|---|---|---|
| Abschreibungsbetrag | 1. Jahr | 2.000,- € | 2.000,- € | 2.000,- € |
|  | 2. Jahr | 2.000,- € | 2.000,- € | 2.000,- € |
|  | 3. Jahr | 2.000,- € | 1.000,- € | 1.250,- € |
|  | 4. Jahr | 2.000,- € | 1.000,- € | 1.250,- € |
|  | 5. Jahr | 2.000,- € | 1.000,- € | 1.250,- € |
|  | 6. Jahr |  | 1.000,- € | 1.250,- € |
|  | 7. Jahr |  | 1.000,- € | 1.250,- € |
|  | 8. Jahr |  | 1.000,- € | 1.250,- € |
| Restwert |  | 0,- € | 0,- € | - 1.500,- € |

Anders als bei der buchhalterischen Abschreibung, die handels- und steuerrechtlichen Regelungen unterliegt, wird in der Kostenrechnung so lange abgeschrieben, wie der Vermögensgegenstand in der Organisationseinheit genutzt wird. Die tatsächliche Nutzungsdauer dient in der Kostenrechnung als Grundlage. Das gilt auch, wenn die planmäßige Nutzungsdauer bereits abgelaufen ist.

Neben der beschriebenen verbrauchsbedingten Wertminderung kann auch eine zeitbedingte Wertminderung in Betracht kommen. Davon sind vor allem Güter betroffen, deren Wert im Wesentlichen durch Zeitablauf abnimmt.

*Beispiele:*
- Eine Tageszeitung wird schon am nächsten Tag so gut wie keinen Wert mehr haben.
- Verderbliche Lebensmittel verlieren durch Lagerung ihren Wert, ohne dass ein Verbrauch stattfindet.

Wertminderung nach Leistung

Die Wertminderung eines Vermögensgegenstandes kann, muss aber nicht gleichmäßig zeitabhängig über die Nutzungszeit verteilt sein. Ziel der Kostenrechnung muss aber sein, eine möglichst genaue, jedenfalls aber plausible und nachvollziehbare Verteilung der Abschreibungen zu erreichen.

Die Abschreibung nach der Leistung unterstellt, dass der Wertverlust proportional zu der Leistung verläuft, die von einem Vermögensgegenstand erbracht wird. In Perioden mit hoher Leistung ist sie dann höher als in Perioden mit niedriger Leistung. Voraussetzung ist, dass die Leistung jeder Periode genau erfasst und zugerechnet werden kann und dass es sich nicht um außergewöhnliche Einflüsse handelt, die das Ergebnis verzerren und

*Beispiel:*
In einer Seniorenresidenz wird die Wäscherei komplett mit neuen Maschinen ausgestattet, die eine realistisch angenommene Nutzungsdauer von 5 Jahren haben. Der Kaufpreis beträgt 40.000 €. Die Laufzeiten der Maschinen werden prognostiziert.

| | Maschinenlaufzeit in Stunden |
|---|---|
| 1. Jahr | 4.000 |
| 2. Jahr | 1.000 |
| 3. Jahr | 2.000 |
| 4. Jahr | 1.000 |
| 5. Jahr | 2.000 |

Daraus lassen sich die leistungsbezogenen Abschreibungen ermitteln:

| | Maschinenlaufzeit in Stunden | Abschreibungssatz | Abschreibungsbetrag |
|---|---|---|---|
| 1. Jahr | 4.000 | 40% | 16.000 |
| 2. Jahr | 1.000 | 10% | 4.000 |
| 3. Jahr | 2.000 | 20% | 8.000 |
| 4. Jahr | 1.000 | 10% | 4.000 |
| 5. Jahr | 2.000 | 20% | 8.000 |

In einer grafischen Darstellung ergäbe sich:

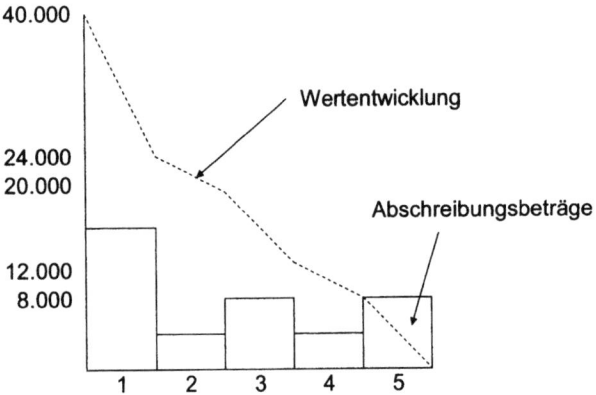

Da es unrealistisch ist, jedem Vermögensgegenstand für jede Periode den genauen Werteverbrauch zuordnen zu können, werden - auch unter dem Aspekt der Wirtschaftlichkeit der Datenermittlung - andere Abschreibungsmethoden bevorzugt.

Lineare Abschreibung

Bei einer linearen Abschreibung wird von einem gleichmäßigen Werteverzehr über die gesamte Nutzungsdauer ausgegangen. Für viele abnutzbare Vermögensgegenstände ist diese Annahme plausibel und führt -nicht zuletzt unter wirtschaftlichen Aspekten- zu Ergebnissen, die der tatsächlichen Situation nahe kommen.

Für das oben beschriebene Beispiel ergibt sich dann folgende Skizze, die den unterstellten gleichmäßigen Wertverlust verdeutlicht:

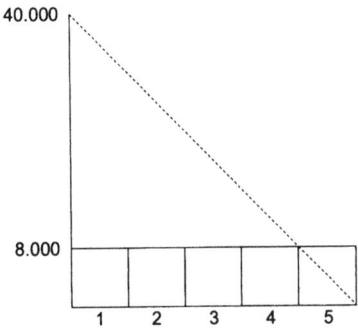

Degressive Abschreibung

Für andere Fälle wird das degressive Abschreibungsmuster benutzt. Bei bestimmten Vermögensgegenständen kommt die Fiktion, der Wertverlust sei in den ersten Perioden höher als in späteren, der tatsächlichen Entwicklung nahe.

*Beispiel:*

Wird für einen Sportverein ein Kleinbus angeschafft, so ist der Wertverlust in der Regel zu Beginn der Nutzungszeit besonders hoch, nach einigen Jahren nimmt der zusätzliche Wertverlust je Periode ab.

Diese Methode der degressiven Abschreibung kann so dargestellt werden:

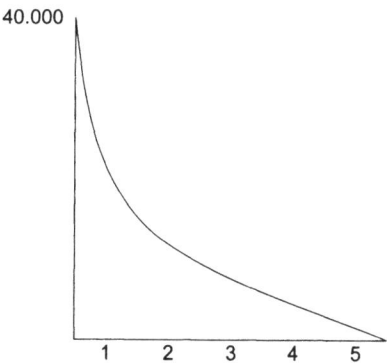

Progressive Abschreibung

Der umgekehrte Fall, nämlich dass der Wertverzehr zunächst gering ist, später aber zunehmend größer wird, ist für andere Vermögensgegenstände plausibel.

*Beispiel:*

In einem Jugendzentrum wird ein Computer angeschafft. Der Wertverlust pro Zeiteinheit wird aufgrund der technischen Entwicklung kontinuierlich zunehmen, das Gerät veraltet.

Die Wertentwicklung bei dieser progressiven Abschreibung zeigt die Skizze.

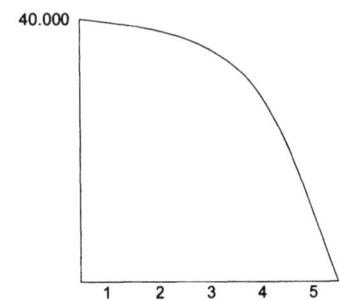

40.000

1   2   3   4   5

Dieses Verfahren widerspricht dem Grunde nach dem kaufmännischen Vorsichtsprinzip, nach dem Risiken und Verluste zu berücksichtigen sind, Gewinne aber nur dann, wenn sie auch realisiert worden sind[45]. Die progressive Abschreibung führt aber wegen des rechnerisch geringen Wertverlustes tendenziell zu einem höheren Gewinnausweis.

In der Praxis kann es zu einem Konflikt kommen zwischen den Zielen der Kostenrechnung, einerseits die Kosten periodengerecht zuzuordnen und andererseits eine hohe Kontinuität zu erreichen, die eine Vergleichbarkeit der Perioden ermöglicht. Im Zweifel ist eine möglichst gleichmäßige Kostenverteilung anzustreben.

In der Finanzbuchhaltung, die engen Vorschriften unterliegt, werden Abschreibungen zwar nicht grundsätzlich und immer, aber doch in der Regel in anderer Höhe berücksichtigt. Die Unterschiede zwischen den Abschreibungen im Rahmen der Finanzbuchhaltung und der Kostenrechnung lassen sich aus der Übersicht ersehen:

|  | bilanzmäßige Abschreibung | kalkulatorische Abschreibung |
|---|---|---|
| Ausgangsvolumen | gesamtes betriebliches Vermögen | nur betriebsnotwendiges Vermögen |
| Dauer | Nutzungsdauer entsprechend der AfA-Tabelle | entsprechend der betriebsspezifischen Nutzungsdauer |
| Ausgangswert | Anschaffungs- oder Herstellungskosten | Wiederbeschaffungskosten |
| Ziel | nominelle Kapitalerhaltung | substantielle Kapitalerhaltung |

---

[45] Vgl. § 252, 1 Nr. 4

### 3.3.3.2 Kalkulatorische Zinsen

Der Zins ist der Preis, der für die -meist befristete- Überlassung von Vermögensgegenständen -also auch für die Überlassung von Geld- gezahlt wird. Er wird als
Prozentsatz der geliehenen Geldsumme pro Zeiteinheit berechnet.

Im Rahmen der Finanzbuchhaltung werden Zinszahlungen als Aufwand erfasst, in der Kostenrechnung reicht das aber nicht aus, denn diese Zinsen werden
ausschließlich für Fremdkapital gezahlt. Eine angemessene Verzinsung des Ei-
genkapitals wird also nicht berücksichtigt, obwohl es eine Verzinsung erzielen
könnte, wenn es anders - z.B. in festverzinslichen Wertpapieren - angelegt wäre.
Dieser "Zinsausfall" stellt für den Eigentümer so genannte Opportunitätskosten[46]
dar. Der Markt muss aber über den Erlös auch das Eigenkapital vergüten.

Die Notwendigkeit der Berücksichtigung kalkulatorischer Zinsen auf das
Eigenkapital wird auch deutlich bei einem Vergleich unterschiedlicher Finanzie-
rungsformen. Die Kosten, die für ein Produkt ermittelt werden, würden von der
Höhe des Anteils des Fremdkapitals abhängen, wenn eine Verzinsung des Ei-
genkapitals nicht berücksichtigt würde. Besonders junge Unternehmen, die oft
einen höheren Fremdkapitalanteil haben, würden dann höhere Kosten ermitteln
als Unternehmen mit einem niedrigeren Fremdkapitalanteil. Eine Vergleichbarkeit unterschiedlich finanzierter Unternehmen wäre nicht gegeben.

Ein Problem ist die Ermittlung dieses kalkulatorischen Zinses. Diskutiert
werden müssen die Berechnungsbasis und die Zinshöhe.

▪ Kalkulatorische Zinsen dürfen nur berücksichtigt werden, wenn sie für
betriebliche Zwecke angefallen sind. Vermögenswerte, die nicht dem Betriebszweck dienen, können keine Kosten verursachen, ihre Finanzierungs-
kosten dürfen deshalb nicht in die Berechnung eingehen. Die Kostenrechnung berücksichtigt also Zinsen auf das gesamte im Leistungsprozess eingesetzte so genannte betriebsnotwendige Kapital. Das muss zunächst ermittelt werden.

Die Grundlage bildet das betriebsnotwendige Vermögen. Es umfasst
alle Vermögensgegenstände, die dauerhaft dem Betriebszweck dienen.
Nicht betriebsnotwendige Teile wie Wertpapiere, anderweitig genutzte
Grundstücke, nicht genutzte Anlagen oder nicht mehr verwendbare Vorräte
u.ä. bleiben unberücksichtigt.

Bei der Bewertung der Vermögensgegenstände wird zwischen dem
Anlage- und dem Umlaufvermögen unterschieden.

Das abnutzbare Anlagevermögen wird wiederum nach der Restwertmethode oder der Durchschnittswertmethode erfasst.

---

[46] Opportunität = günstige Gelegenheit

Bei der Restwertmethode werden alle aktuellen kalkulatorischen Restwerte der betriebsnotwendigen Anlagegüter addiert. Weil die Restwerte im Zeitablauf geringer werden, können die Abrechnungsperioden unterschiedlich belastet werden. Wenn Neuinvestitionen getätigt werden, steigt die Berechnungsbasis für die kalkulatorischen Zinsen, ohne Investitionen nimmt sie ab.

Bei der Durchschnittswertmethode bildet jeweils die Hälfte der Anschaffungskosten oder der Wiederbeschaffungskosten der Vermögensgegenstände die Berechnungsbasis. Das entspricht dann genau dem -lineare Abschreibung unterstellt- durchschnittlich gebundenen Kapital.

Wenn eine gleichmäßige Zusammensetzung des abnutzbaren Anlagevermögens angenommen wird, können die Unterschiede der beiden Methoden grafisch folgendermaßen dargestellt werden:

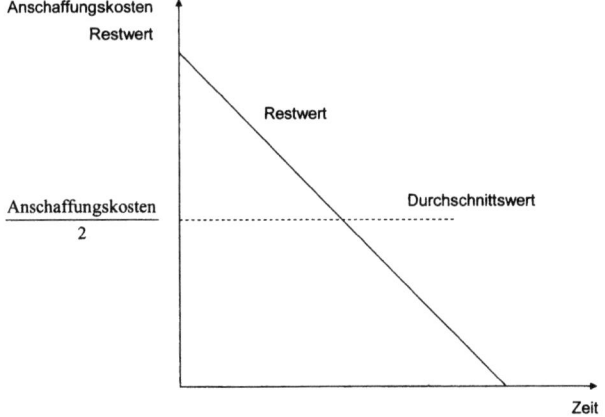

Wegen der gleichmäßigeren Verteilung der kalkulatorischen Zinsen über die Perioden und der wohl einfacheren Ermittlung ist der Durchschnittswertmethode der Vorzug zu geben.

Das nicht abnutzbare Anlagevermögen wird mit den Anschaffungs- oder Wiederbeschaffungskosten bewertet.

Auch beim Umlaufvermögen werden zunächst die nicht betriebsnotwendigen Teile (z.B. festverzinsliche Anlagen) ausgesondert. Davon werden noch die Kapitalbeträge abgezogen, die zinsfrei zu Verfügung stehen und bei denen daher Überlegungen zu Zinskosten nicht greifen können (Abzugskapital). Dazu zählen z.B. Lieferantenkredite und Kundenanzahlungen.

- Die Höhe des Kalkulationszinsfußes ist durch die Kostenrechnung festzulegen. Sinnvoll ist die Orientierung an einem durchschnittlichen Marktzins für mittelfristige Anlagen. Alternativ kann auch der Zins zu Grunde gelegt werden, der bei einer optimalen Anlagealternative erzielt werden könnte oder auch der Zinssatz der günstigsten Möglichkeit, Fremdkapital zu beschaffen.

Zusammenfassend kann die Ermittlung der kalkulatorischen Zinsen schematisch dargestellt werden:

|   |   |   |
|---|---|---|
| | betriebsnotwendiges Anlagevermögen | |
| | - nicht abnutzbar | zu Anschaffungs- oder Wiederbeschaffungskosten |
| | - abnutzbar | nach Restwert- oder Durchschnittsmethode |
| + | betriebsnotwendiges Umlaufvermögen | zum Erhalt der Betriebsbereitschaft notwendig |
| = | betriebsnotwendiges Vermögen | |
| ./. | Abzugskapital | zinslos zur Verfügung stehendes Kapital |
| = | betriebsnotwendiges Kapital | |
| x | kalkulatorischer Zinssatz | |
| = | kalkulatorische Zinsen | |

*Beispiel:*

In einem Seniorenheim beträgt der kalkulatorische Restwert des Anlagevermögens 1.500.000 €, der durchschnittliche Bestand des Umlaufvermögens 240.000 €. Dazu sind folgende Informationen bekannt:

- Zum Anlagevermögen gehört ein Parkgrundstück mit einem Wert von 150.000 €, das für eventuelle Erweiterungen in Reserve gehalten wird.
- Im Bestand befindet sich ein Wohnhaus für Belegschaftsmitglieder, das wichtig ist für die Anwerbung neuer Mitarbeiter auf einem schwierigen Arbeitsmarkt, sein Wert beträgt 300.000 €.
- Die Geräte im Gymnastikraum werden schon seit Jahren nicht mehr genutzt, Wert 20.000 €.
- Die Geschäftführung hat 60.000 € in Bundesschatzbriefen als "Notgroschen" angelegt.
- Die Pensionsrückstellungen betragen 24.000 €.
- Wegen einer Steuernachzahlung bestehen Verbindlichkeiten gegenüber dem Finanzamt in Höhe von 10.000 €.

- Die Verbindlichkeiten aus dem Einkauf von Lebensmitteln belaufen sich auf 4.000 €.
- Der Zinsfuß beträgt 5%.

Der kalkulatorische Zins lässt sich wie folgt ermitteln:

| Kalkulatorische Restwerte | | | |
|---|---|---|---|
| | Anlagevermögen | 1.500.000 € | |
| | Umlaufvermögen | 400.000 € | 1.900.000 € |
| ./. nicht betriebsnotwendig | | | |
| | Reservegrundstück | 150.000 € | |
| | Gymnastikgeräte | 20.000 € | |
| | Wertpapiere | 60.000 € | 230.000 € |
| Betriebsnotwendiges Vermögen | | | 1.670.000 € |
| ./. Abzugskapital | | | |
| | Verbindlichkeiten Finanzamt | 10.000 € | |
| | Verbindlichkeiten Lebensmittel | 4.000 € | 14.000 € |
| Betriebsnotwendiges Kapital | | | 1.656.000 € |
| x 5% | | | |
| Kalkulatorischer Zins | | | 82.800 € |

Hinweis: Das Wohngebäude gehört zum betriebsnotwendigen Vermögen, weil es eine wichtige Funktion hat bei der Beschaffung von Arbeitskräften. Pensionsrückstellungen stellen kein zinsfreies Fremdkapital dar.

### 3.3.3.3 Kalkulatorischer Unternehmerlohn

Bei Kapitalgesellschaften sind die Vorstandsmitglieder bzw. Geschäftsführer angestellt, ihr Gehalt wird bei den Personalkosten berücksichtigt. Das ist bei Einzelunternehmen und Personengesellschaften anders, hier muss eine angemessene Entlohnung für die Unternehmertätigkeit ermittelt und als Kostenbestandteil berücksichtigt werden. Andernfalls wären unterschiedliche Rechtsformen nicht vergleichbar.

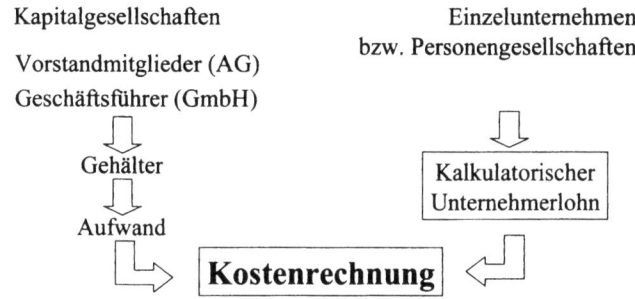

Kalkulatorischer Unternehmerlohn

Kapitalgesellschaften

Vorstandmitglieder (AG)
Geschäftsführer (GmbH)

Gehälter

Aufwand

Einzelunternehmen
bzw. Personengesellschaften

Kalkulatorischer
Unternehmerlohn

**Kostenrechnung**

Der Unternehmerlohn ist also fiktiv, er führt zu keiner Ausgabe oder Auszahlung. Seine Ermittlung dient allein der Berücksichtigung der Kosten für die Leitung des Unternehmens.

Für die Festlegung der Höhe des Unternehmerlohnes sind zwei Ansätze denkbar:

- Man kann sich vorstellen, dass der Leiter des Unternehmens als Geschäftsführer eines vergleichbaren Unternehmens angestellt sein könnte und dafür ein Gehalt bezöge.
- Würde ein Geschäftsführer eingestellt, um die Leitung des Unternehmens anstelle des Eigentümers zu übernehmen, so müsste für ihn ein Gehalt bezahlt werden.

Die Ermittlung bleibt jedoch ein beiden Fällen problematisch. Hilfreich sind Gehaltsanalysen, die von Verbänden, Banken, Unternehmensberatungen usw. erstellt werden und häufig nach Branche, Unternehmensgröße, Region und weiteren Kriterien differenzieren.

### 3.3.3.4 Kalkulatorische Miete

Eine kalkulatorische Miete ist anzusetzen, wenn Räumlichkeiten genutzt werden, für die keine oder keine angemessene Miete gezahlt wird. Das ist insbesondere der Fall, wenn private Räumlichkeiten zur Verfügung gestellt werden.

Die Grundüberlegungen sind wieder, dass eine Vergleichbarkeit hergestellt werden muss und dass eine mögliche alternative Vermietung berücksichtigt werden muss: Würden fremde Räume genutzt, müsste dafür Miete gezahlt werden, würden die betreffenden Räume Fremden überlassen, wären Mieteinnahmen zu erzielen. Deshalb sind für die betrieblich genutzten privaten Räume kalkulatorisch Mietkosten berücksichtigen.

Zur Ermittlung der Höhe des Ansatzes für die kalkulatorische Miete bieten sich folglich zwei Verfahren an:

- Würde man die Räume fremdvermieten, wäre die ortübliche Miete dafür zu erzielen. Nach dem Opportunitätskostenprinzip wäre ihre Höhe als Kosten zu berücksichtigen. Dafür kann z.b. der örtliche oder regionale Mietspiegel herangezogen werden.

- Zu ähnlichen Ergebnissen wird man nach der Überlegung kommen, welche Mietkosten anfallen würden, wenn vergleichbare Räume angemietet würden. Hier wäre aber noch ergänzend zu fragen, ob an einem anderen Ort eine Produktion zu günstigeren Mietkosten möglich wäre.

*Beispiel:*
Die Inhaberin eines privaten mobilen Altenpflegedienstes stellt ihren Kleinwagen, den sie zum Besuch ihrer Patienten benötigt, in der Garage ihres eigenen Einfamilienhauses ab. Ihr Büro, das sie für Disposition, Akquise und Abrechnung benötigt, ist in einem eigenen Raum im Erdgeschoss untergebracht.
Bei der Ermittlung der Kosten für die Pflegemaßnahmen sind kalkulatorische Mieten für Garage und Büro zu berücksichtigen. Für das Büro könnte z.B. die ortsübliche Gewerbemiete, für die Garage der Betrag angesetzt werden, den z.B. ein Nachbar für die Anmietung zahlen würde. Zu diskutieren wäre die Berücksichtigung von Anteilen an den Verkehrsflächen wie Flur und Einfahrt.

### 3.3.3.5 Kalkulatorische Wagnisse

Jede unternehmerische Tätigkeit ist mit einem Risiko verbunden. Allgemeine Risiken wie die Frage, ob ein Gewinn erzielt werden kann, das Risiko der konjunkturellen Entwicklung u.ä. sollen durch den Gewinn abgedeckt sein und bedürfen keiner besonderen Behandlung.

Dagegen gibt es spezielle Wagnisse, die unregelmäßig, zufällig und in der Höhe nicht bestimmbar anfallen. Sie wirken sich nicht unmittelbar auf die Gesamtentwicklung aus, ihre Häufigkeit und ihre Größenordnung ergeben sich aus Erfahrungswerten oder aus versicherungsmathematischen Berechnungen. Die Berücksichtigung kalkulatorischer Wagnisse soll die Kosten solcher Ereignisse gleichmäßig auf die Perioden verteilen und damit Kostensprünge vermeiden, damit die Kosten einzelner Perioden nicht unverhältnismäßig von einem durchschnittlichen Wert abweichen. Ihre volle Berücksichtigung in der Periode, in der sie eintreten, würde zu unerwünschten Zufallsschwankungen führen.

Die wichtigsten Wagnisse, die als kalkulatorische Kosten Berücksichtigung finden, sind

- das Anlagenwagnis. Hier werden Schadenfälle und Betriebsstörungen berücksichtigt.

*Beispiel:*
In der Küche, in der "Essen auf Rädern" produziert wird, fällt der Herd aus, an zehn Tagen können keine Essensportionen ausgeliefert werden.

- das Beständewagnis. Realistisch muss mit einem gewissen Schwund beispielsweise bei den Vorräten, aber auch bei anderen Vermögensgegenständen gerechnet werden. Durch Diebstahl und Verderb steht ein Teil für die Produktion tatsächlich nicht zur Verfügung.

*Beispiel:*
In einem Jugendzentrum verschwinden Gläser und Aschenbecher.

- das Gewährleistungswagnis. Garantieleistungen und vergleichbare Leistungen wie Kulanz, Preisminderungen und Rückrufaktionen können extrem unregelmäßig anfallen.

*Beispiel:*
Wegen Bauarbeiten auf dem Gelände leidet ein Teil der Bewohner eines Seniorenheimes unter starker Lärmbelästigung. Um keinen Unmut aufkommen zu lassen, der die sonst gute Atmosphäre beeinträchtigen könnte, entschließt sich die Geschäftsführerin, aus Kulanzgründen die Mietforderung vorübergehend um 15 % zu senken und zusätzlich während der Bauarbeiten täglich unentgeltlich ein Stück Kuchen anzubieten.

- das Fertigungswagnis. Hier werden Konstruktions- und Materialfehler, auch Bearbeitungsfehler und andere Mehrkosten bei der Produktion erfasst.

*Beispiel:*
Durch Unaufmerksamkeit wird eine gesamte Mittagsproduktion von "Essen auf Rädern" versalzen. Die Mahlzeiten sind ungenießbar und selbstverständlich unverkäuflich.

- das Entwicklungswagnis. Ob Forschung und Entwicklung zu neuen Produkten führen, die von den Nachfragern auch angenommen werden, ist oft schwer vorhersehbar.

*Beispiel:*
Zur Abrundung der Angebotspalette von "Essen auf Rädern" wird eine Produktlinie "Gesund mit Tofu" entwickelt. Die Kunden nehmen das neue Angebot aber nicht an. Nach kurzer Zeit stellt sich heraus, dass die Neuentwicklung nicht zu einem kommerziellen Misserfolg werden wird.

■  das Vertriebswagnis. Mögliche Forderungsausfälle sollen in der Kostenrechnung berücksichtigt werden.

*Beispiel:*
Ein Jugendzentrum organisiert eine Ferienfreizeit am Ijsselmeer. Nach Rückkehr stellt sich heraus, dass die Eltern einer Teilnehmerin den geforderten und vereinbarten Beitrag doch nicht zahlen werden.

■  das Währungswagnis. Bei internationalen Geschäftsbeziehungen kann es zu unvorhersehbaren Veränderungen der Umtauschkurse kommen.

Wenn die speziellen Wagnisse als kalkulatorische Kosten berücksichtigt werden, ein Schadensereignis aber nicht eintritt, wirken sie sich gewinnerhöhend aus. In der Praxis wird ein Teil der kalkulatorischen Risiken durch Versicherungen abgedeckt. Dann zählen die Versicherungsprämien zu den Kosten, die versicherten Verluste und auch die Zahlungen aufgrund eines Versicherungsfalles aber nicht.
Um trotz dieser Wagnisse Kostensprünge möglichst zu vermeiden, werden durchschnittliche Erfahrungswerte aus mehreren Perioden angesetzt. Dadurch sollen die Schwankungen weitestgehend eliminiert werden.

*Beispiel:*
In den letzten Perioden sind für "Essen auf Rädern" folgende Zahlen bekannt:

| Periode | Umsatz in € | Forderungsausfall in € |
|---------|-------------|------------------------|
| 1 | 10.000 | 0 |
| 2 | 12.000 | 800 |
| 3 | 16.000 | 1.100 |
| 4 | 12.000 | 880 |
| 5 | 10.000 | 220 |

Für die Periode 6 wird ein Umsatz von 16.000 € erwartet. Die kalkulatorischen Kosten für den Forderungsausfall ergeben sich aus den Erfahrungen der Perioden 1 - 5:

Durchschnittlicher Forderungsausfall: $\dfrac{3.000\ \text{€ Ausfälle insgesamt}}{60.000\ \text{€ Umsatz insgesamt}} \times 100 = 5\,\%$

In Periode 6 ist mit einem Forderungsausfall in Höhe von 5 % von 16.000 zu rechnen: $\dfrac{5 \times 16.000\ \text{€}}{100} = 800\ \text{€}\cdot$

Wäre eine Versicherung abgeschlossen, die z.B. 40 % der Forderungsausfälle abdeckt, wäre zu rechnen $\dfrac{5 \times \dfrac{16.000 \times 60}{100}}{100} = 480.$

## 4    Kostenverrechnung

In den Bereichen, in denen man in nicht gewinnorientierten Organisationen üblicherweise mit der Kosten- und Leistungsrechnung befasst sein wird, dürfte die
Verteilung der Kosten die interessantesten Gestaltungsmöglichkeiten eröffnen.
Dabei geht es darum, die festgestellten Kosten definierten Produkten sinnvoll
zuzuordnen. Produkte in diesem Sinne können Jugendfreizeiten, Drogenbera-
tung, Altenbetreuung, Sportgruppen, Ausstellungen und ähnliches sein.
    Bei allen Produkten wird es Kosten geben, die ausschließlich durch die Be-
reitstellung dieser Leistung entstehen und keine Auswirkungen auf andere Produkte der Organisation haben. Eine Verteilung ist also in diesem Falle nicht
erforderlich, die Zuordnung dieser Kosten ist sehr einfach. Ohne Änderung,
Bearbeitung oder Verteilung werden sie direkt bei dem jeweiligen Produkt berücksichtigt. Dieser simple Zusammenhang gilt aber nicht für alle Kosten:

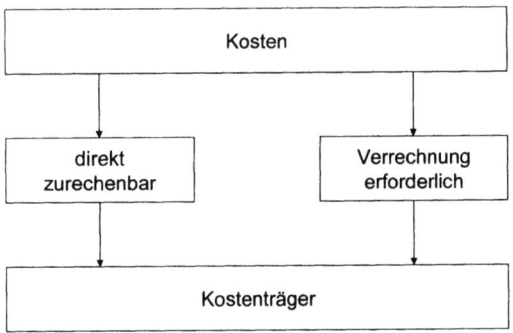

Die Kosten, die mehrere Produkte betreffen, werden Gemeinkosten genannt,
manchmal auch Overhead-Kosten. Ihre Zuordnung ist weitaus schwieriger. Die
Fragen, die dabei entstehen, lauten z.B.:
    "Welchen Anteil an den Kosten der Geschäftsführung muss eine Gruppe in
einem Jugendzentrum rechnerisch übernehmen, wenn der Raum von mehreren
Gruppen genutzt wird? Soll die Nutzungszeit ein Kriterium sein oder die Zahl
der Jugendlichen oder führt doch eine Pauschale zu einem sachgerechten Ergebnis?"
    "Wie ist die Miete für die Räume zu verrechnen, in denen ein gemeinnützi-
ger Verein seine verschiedenen Aktivitäten organisiert?"
    "Wie sind die Kosten für die Reinigung aufzuteilen, wenn eine Turnhalle
tagsüber von Schulklassen, abends von Sportvereinen und samstags von einer
Yoga-Gruppe der örtlichen Volkshochschule genutzt wird?"

Es gilt also offenbar, zunächst Verteilungsschlüssel zu finden. Bei zahlreichen Kostenarten wird sich leicht eine akzeptable Lösung finden lassen. Für die Reinigung könnten dies die gereinigten Flächen sein, für die Heizung der umbaute Raum oder die Zahl und die Größe der Heizkörper, für den Stromverbrauch die Leistungsaufnahme der elektrischen Geräte.

Bei anderen Kostenarten sind die Verteilungsschlüssel nicht leicht zu finden. Was aber zunächst als Schwierigkeit erscheinen mag, kann auch eine Chance sein, die Verteilung im Interesse der Organisation bzw. ihrer Leitung zu regeln.

*Beispiel:*

Die Personalkosten einer Drogenberatungsstelle kann man mehr oder weniger sinnvoll nach der Zahl aller Besucher, nach der Zahl der erreichten Abhängigen, nach der Dauer der Beratung, nach der Zahl und der Zeit der geführten Telefongespräche, nach der Größe der Büros und sicher noch anderen Schlüsseln aufteilen. Bei der Auswahl gibt es aus kostenrechnerischer Sicht keine Hilfe außer dem lapidaren Hinweis, dass Kostenverteilungsschlüssel nachvollziehbar, sachgerecht und einfach festzustellen und zu handhaben sein müssen.

Bei der technischen Umsetzung allerdings kann wieder auf bewährte Instrumente zurückgegriffen werden. Wenn die inhaltliche Vorarbeit geleistet ist, können die klassischen Regeln angewandt werden, die im Folgenden dargestellt werden. Die Qualität des Ergebnisses wird aber eben wesentlich bestimmt durch die Festlegung, welche Kosten nach welchen Schlüsseln welchen Produkten zugeordnet werden sollen. Die Umsetzung ist dann lediglich technischer Art.

## 4.1 3.1. Divisionskalkulation

Der Umweg der Kostenzuordnung über einen Betriebsabrechnungsbogen[47] lässt sich vermeiden, wenn die Gesamtkosten bekannt sind und gleichartige Produkte zu beurteilen sind. Teilt man die Gesamtkosten durch eine Schlüssel- oder Bezugsgröße, ergeben sich die durchschnittlichen Kosten pro Einheit. Diese Divisionskalkulation wird angewandt bei Produkten, die in großer Zahl bzw. hoher Auflage erstellte werden.

---

[47] Vgl. Kap. 4.2.3

*Beispiel:*

Wenn in einem Altenheim die ermittelten Gesamtkosten durch die Zahl der Bewohner geteilt werden, so sagt das Ergebnis, wie hoch die durchschnittlichen
Kosten pro Bewohner nach diesem Verfahren zu veranschlagen sind.

| | |
|---|---:|
| Gesamtkosten pro Monat | 210.000 € |
| Zahl der Bewohner | 60 |
| Durchschnittskosten pro Bewohner | 3.500 € |

Es bleibt allerdings erklärungsbedürftig, warum als Divisor nicht die Zahl der
Zimmer, die Grundflächen oder andere Größen gewählt wurden.

Entscheidend ist die Verteilung der Kosten. In den typischen Auseinander-
setzungen z.b. in einer Stadtverwaltung zwischen Hauptamt und Jugendeinrichtung, bei einem Freien Träger zwischen Zentraler Verwaltung und der Suchtbe-
ratungsstelle oder in einer Kirche zwischen der Diözese und dem Krankenhaus –
es geht immer zentral um die Zuordnung der Kosten zu den erbrachten Leistungen.

## 4.2 Zuschlagskalkulation

Die Divisionskalkulation ist in ihren Möglichkeiten beschränkt. Sie kann keine
sinnvollen Ergebnisse mehr liefern, wenn
▪ verschiedenartige Produkte hergestellt werden
▪ die Mengen verschieden sind
▪ die Fertigungstechniken voneinander abweichen.
Die folgenden Instrumente der Kostenrechnung sollen Möglichkeiten bieten, die
Gemeinkosten analog zu den direkt zurechenbaren Einzelkosten zu verteilen.

### 4.2.1 Kumulative Zuschlagkalkulation

Wenn die Einzelkosten und die Gemeinkosten jeweils lediglich als Gesamtes
bekannt sind, kann ein einziger Zuschlagsatz zur Verteilung der Gemeinkosten
gewählt werden. Er ergibt sich indem die Summe der Gemeinkosten zur Summe
der Einzelkosten in Beziehung gesetzt wird.

*Beispiel:*

In der Küche für "Essen auf Rädern" beträgt in einem Monat die Summe der
Einzelkosten (Wareneinsatz) 80.000 €, die Summe der Gemeinkosten beträgt für
den gleichen Zeitraum 60.000 €. Der Zuschlagsatz beträgt dann
$$60.000 : 80.000 \times 100 = 75\ \%.$$

Bei einem Warenwert von 100 € ergibt sich so ein Gemeinkostenzuschlag in Höhe von 75 €, die Gesamtstückkosten betragen entsprechend 175 €.

### 4.2.2 Elektive Zuschlagkalkulation

Die Zuschlagkalkulation wird genauer, wenn die Zuschlagsätze für die Gemeinkosten differenzierter, mit Bezug zwischen der jeweiligen Kostenart und der Kostenstelle, ermittelt werden.

*Beispiel:*
Die Materialgemeinkosten der Kostenstelle "Material" werden den Materialkosten zugeschlagen, die Verwaltungsgemeinkosten der Kostenstelle "Allgemeine Verwaltung".

Je stärker die Gemeinkosten nach Kostenstellen aufgesplittert werden können, desto aussagefähiger ist der ermittelte Gemeinkostenzuschlag. Um unerwünschte Einmal-Effekte und Verzerrungen zu vermeiden, ist es sinnvoll, anstelle der tatsächlichen Gemeinkosten der Periode den Zuschlagsatz anzusetzen, der sich bei normalem Ablauf ergibt.

### 4.2.3 Betriebsabrechnungsbogen

Die Betriebswirtschaftslehre schlägt als weiteres Instrument zur Kostenverteilung den BAB vor, den Betriebsabrechnungsbogen. Er ist grundsätzlich eine Kostenverrechnungstabelle, also ein Instrument der Kostenstellenrechnung. Die verschiedenen Gemeinkostenarten werden durch ein –jeweils für die betrachtete Organisation speziell zu entwickelndes- System den Kostenstellen zugeordnet. Dadurch wird –einen sachgerechten Verteilungsschlüssel vorausgesetzt- jede Kostenstelle mit dem Bruchteil der jeweiligen Kostenart belastet, der von ihr verursacht worden ist.

Die Transparenz und die Funktionalität sind dabei wesentlich davon abhängig, wie geschickt -bezogen auf die Organisationseinheit- die der Aufbau des BAB gewählt wird. Die Kostenstellen, die abschließend belastet werden sollen, auf denen also die Kosten für die Produkte letztlich ermittelt werden sollen, ordnet man in der Tabelle sinnvollerweise möglichst weit rechts ein, während die Kostenstellen, deren Inhalt noch weiter verteilt werden muss, möglichst weit links stehen sollten. Dadurch wird eine einfache innerbetriebliche Leistungsverrechnung möglich.

Wenn z.B. die Löhne und Gehälter in einem Beratungszentrum den Produkten „Schuldnerberatung", „Allgemeine Verbraucherberatung" usw. zugeordnet werden sollen, dann sollten die Kostenstellen „Schuldnerberatung" und „Allgemeine Verbraucherberatung" in der Tabelle möglichst weit rechts stehen, weil das diejenigen n sind, denen Kosten zugeordnet werden müssen, während die Kostenstellen „Heizung", „Hausmeister" usw. weit links stehen sollen, weil diese Kosten noch verteilt werden und den Kostenstellen der Produkte belastet werden müssen. Die Kostenart „Miete" wird auf „Hausmeister", „Schuldnerberatung" und „Verbraucherberatung" aufgeteilt, anschließend die Beträge der Kostenstelle „Hausmeister" auf „Schuldnerberatung" und „Verbraucherberatung" verteilt. Man erhält durch diese Verteilungsrechnung die Gemeinkosten je Produkt als Summe der zugeordneten Bruchteile der verrechneten Kostenarten.

|   |   |   | Heizung | Hausmeister | Schuldner-beratung | Verbraucher-beratung |
|---|---|---|---|---|---|---|
| 1 | Löhne | und | → | → | → | → |
|   | Gehälter |   |   |   |   |   |
| 2 | Miete |   | ⌐ | → | → | → |
| 3 |   |   | └→ | → | → | → |
| 4 |   |   |   | └→ | → | → |
| usw. |   |   |   |   | ↓ | ↓ |

Mit der Feststellung der Gemeinkosten je Produkt ist die Kostenermittlung nicht abgeschlossen, denn die direkt zurechenbaren Einzelkosten sind noch zu berücksichtigen, erst dann sind die Gesamtkosten ermittelt.

|   |   |   | Heizung | Hausmeister | Schuldner-beratung | Verbraucher-beratung |
|---|---|---|---|---|---|---|
| 1 | Löhne | und | → | → | → | → |
|   | Gehälter |   |   |   |   |   |
| 2 | Miete |   | ⌐ | → | → | → |
| 3 |   |   | └→ | → | → | → |
| 4 |   |   |   | └→ | → | → |
| usw. |   |   |   |   | ↓ | ↓ |
|   | Einzelkosten |   |   |   | → | → |

Aus dem Verhältnis der Einzelkosten zu den verrechneten Gemeinkosten lässt sich eine einfache Hilfe für den praktischen Einsatz der Kostenrechnung ableiten. Dazu ermittelt man den Prozentsatz, den die verrechneten Gemeinkosten im Verhältnis zu den Einzelkosten ausmachen, und erhält so einen Zuschlagsatz.

$$\frac{Gemeinkosten}{Einzelkosten} \text{ x } 100 = Zuschlagsatz$$

Unter der Voraussetzung, dass sich die Verteilungsschlüssel nicht ändern, kann man so auch über mehrere Perioden hinweg durch Anwendung des Zuschlagsatzes auf die Einzelkosten die Gesamtkosten ermitteln.

Das ist besonders hilfreich, wenn die Kosten vorab bekannt sein müssen, wenn also eine Kalkulation gemacht werden muss. Die Einzelkosten lassen sich in der Regel leicht feststellen.

*Beispiel:*
Bei der Fahrt mit dem Kindergarten in den Zoo fallen Fahrtkosten und Eintritt an. Durch Anwendung des bekannten Zuschlagsatzes für die Verwaltung und Leitung des Kindergartens sind die Gesamtkosten des Zoobesuchs nach einer einfachen Rechnung bekannt.

Einzelkosten + Einzelkosten x Zuschlagsatz = Gesamtkosten

Dabei wird bewusst in Kauf genommen, dass der Zuschlagsatz mit Zahlen aus der Vergangenheit errechnet worden war. Solange dieses Problem bekannt ist und solange sich die Gemeinkosten nicht in einem anderen Verhältnis ändern als die Einzelkosten, steht einer Anwendung dieses praktischen Instruments aber nichts entgegen. Schließlich gilt, dass der Aufwand für eine genauere Kostenrechnung durch den zusätzlichen Informationsgewinn gerechtfertigt sein muss.

Wenn die Anforderungen nicht zu weit getrieben werden, liegt mit dem BAB ein einfaches und übersichtliches Informationsinstrument vor, das den Bedürfnissen der jeweiligen Organisationseinheit leicht angepasst werden kann. Es ist für Non-profit-Unternehmen genauso einsetzbar wie für Teilbereiche großer Verwaltungen.

Die folgenden Übersichten zeigen das Prinzip einer Kostenverrechnung mit einem Betriebsabrechnungsbogen am Beispiel eines Seniorenheimes. Die Annahmen, die den Berechnungen zugrunde liegen, enthält die Übersicht:

*Beispiel:*
Kostenverteilungsplan Seniorenheim
Zu erstellen ist in Kostenverteilungsplan für den laufenden Monat.

A. Angaben zu den Gemeinkostenarten (Primärkostenverteilung)

1. Die Jahresgehälter der Mitarbeiter betragen:

| | |
|---|---|
| 1 Leiterin des Seniorenheims | 40.000 € |
| 1 Sekretärin | 25.000 € |
| 1 Buchhalterin | 31.000 € |
| 2 Fahrer je | 24.000 € |
| 1 Hausmeister | 24.000 €, davon 1/4 für Heizung |
| 6 Pfleger und Pflegerinnen, je | 22.000 €, 3 je Haus |
| 1 Arzt | 44.000 € |
| 1 Krankenschwester | 20.000 € |
| 1 Krankengymnastin | 20.000 € |
| 1 Koch | 28.000 € |
| 2 Küchenhelferinnen, je | 13.000 € |
| 1 Sportlehrer | 36.000 € |

Es werden 12 gleiche Mona tsgehälter bezahlt.

2. Die Zivildienstleistenden erhalten einheitlich je Monat 800 €.
Sie sind in folgenden Bereichen eingesetzt:

| | |
|---|---|
| Haus I | 2 |
| Haus II | 2 |
| Krankenstation | 1 |
| Küche | 1 |
| Freizeitangebot | 3 |

3. Die Sozialaufwendungen sind zu verteilen nach der Summe der Gehälter einschließlich der Zahlungen an die Zivildienstleistungen.

4. Die Kosten für das Verbrauchsmaterials für den laufenden Monat betragen 5.000 €. Sie sind anteilig in folgendem Verhältnis zuzurechnen:

| | |
|---|---|
| Hausmeister | 1 |
| Fuhrpark | 1 |
| Heizung | 0 |
| Haus I | 4 |
| Haus II | 3 |
| Krankenstation | 6 |
| Küche | 1 |
| Freizeitangebot | 0 |
| Verwaltung | 9 |

5. Die Abschreibungen sind anhand der Tabelle festzulegen:

| | Kalkulatorische Restwerte | Abschreibungssatz p.a. |
|---|---|---|
| Haus I | 2.400.000 | 2% |
| Haus II | 1.800.000 | 2% |
| Heizungsanlage | 156.000 | 10% |
| Medizinische Geräte | 84.000 | 20% |
| Fahrzeuge | 72.000 | 16% |
| Kücheneinrichtung | 48.000 | 6% |

6. Die kalkulatorischen Zinsen betragen 10% und werden auf die kalkulatorischen Restwerte berechnet.

7. Die sonstigen Gemeinkosten des laufenden Monats betragen 6.000 und sind wie folgt zuzurechnen:

| | | |
|---|---|---|
| Haustechnik | 22% | |
| Freizeitangebote | 43% | |
| Verwaltung | 7,5% | |
| Haus I | 12,5% | |
| Haus II | 15% | |
| | 100% | |

Mit diesen Annahmen ergibt sich der folgende Betriebabrechnungsbogen:

# Kostenverteilungsplan (BAB) I

| Kostenart | Betrag | Allgemeine Kosten | | | Hauptstellen | | Hilfsstellen | | | Verwaltung |
|---|---|---|---|---|---|---|---|---|---|---|
| | | Technik | Fuhrpark | Heizung | Haus I | Haus II | Krankenstation | Küche | Freizeitangebot | |
| Gehälter | 39.500 | 1.500 | 4.000 | 500 | 5.500 | 5.500 | 7.000 | 4.500 | 3.000 | 8.000 |
| Zahlungen an ZiVis | 7.200 | 300 | 800 | 100 | 1.600 | 1.600 | 800 | 800 | 2.400 | |
| Sozialaufwand | 9.340 | | | | 1.420 | 1.420 | 1.560 | 1.060 | 1.080 | 1.600 |
| Verbrauchsmaterial | 5.000 | 200 | 200 | | 800 | 600 | 1.200 | 200 | | 1.800 |
| Abschreibungen | 10.900 | | 960 | 1.300 | 4.000 | 3.000 | 1.400 | 240 | | |
| Kalkulatorische Zinsen | 38.000 | | 600 | 1.300 | 20.000 | 15.000 | 700 | 400 | | |
| Sonstige GK | 6.000 | 1.320 | | | 750 | 900 | | | 2.580 | 450 |
| | 115.940 | 3.320 | 6.560 | 3.200 | 34.070 | 28.020 | 12.660 | 7.200 | 9.060 | 11.850 |

# Kostenverteilungsplan (BAB) II

| Kostenart | Betrag | Allgemeine Kosten | | | Hauptstellen | |
|---|---|---|---|---|---|---|
| | | Haustechnik | Fuhrpark | Heizung | Haus I | Haus II |
| Gehälter | 39.500 | 1.500 | 4.000 | 500 | 5.500 | 5.500 |
| Zahlungen an ZiVis | 7.200 | | | | 1.600 | 1.600 |
| Sozialaufwand | 9.340 | 300 | 800 | 100 | 1.420 | 1.420 |
| Verbrauchsmaterial | 5.000 | 200 | 200 | | 800 | 600 |
| Abschreibungen | 10.900 | | 960 | 1.300 | 4.000 | 3.000 |
| Kalkulatorische Zinsen | 38.000 | | 600 | 1.300 | 20.000 | 15.000 |
| Sonstige GK | 6.000 | 1.320 | | | 750 | 900 |
| | 115.940 | 3.320 | 6.560 | 3.200 | 34.070 | 28.020 |
| | | 984 | | | | |
| | | | | | 1.614 | 1.614 |
| | | | | | 1.016 | 1.130 |
| | | | | | 5.500 | 5.500 |
| | | | | | 5.450 | 5.450 |
| | | | | | 5.000 | 4.009 |
| | | | | | 6.189 | 12.378 |
| | | | | | 92.909 | 86.121 |

## 4.3 Handelskalkulation

Der Handel mit Gütern gehört sicher nicht typisch zu den Aufgaben von Organisationen, die im sozialen Bereich engagiert sind. Die so genannte Handelskalkulation ist aber auch für solche Organisationen interessant, weil ihr Schwerpunkt nicht in der Ermittlung der Kosten der Produktion selbst liegt, sondern in der Feststellung eines Preises für ein Gut.

Die Kalkulation des Bezugspreises wirft im Allgemeinen keine besonderen Probleme auf. Typische Schritte sind

|   |   | Erläuterung |
|---|---|---|
|   | Listeneinkaufspreis | |
| ./. | Rabatt des Lieferanten | z.B. Mengenrabatt |
| = | Zieleinkaufspreis | |
| ./. | Lieferskonto | Preisnachlass bei kurzfristiger Zahlung, in der Regel günstiger als Ausnutzung der maximalen Zahlungsfrist ohne Skonto |
| ./. | Bonus | z.b. bei einem bestimmten Mindestumsatz |
| = | Bareinkaufspreis | |
| + | Bezugskosten | z.B. Transportkosten, Zustellkosten, Versandverpackung, Transportversicherung, Einfuhrzölle, |
| = | Bezugspreis | |

*Beispiel:*
In einem Seniorenheim soll neues Geschirr angeschafft werden. Der Leitung liegen drei alternative Angebote für je 100 Sätze vor:

| A | Bezugspreis ohne jeden Abzug frei Haus | 3.000,00 € |
|---|---|---|

| B | 100 x Geschirr zum Einzelpreis von 32 €, Mengenrabatt bei Abnahme von mindestens 100 Stück 10 %, zuzüglich Verpackungspauschale 100 € | 3200,00 € ./. 320,00 € + 100,00 € 2.980,00 € |
|---|---|---|

| C | Einzelpreis 33 €, Sonderrabatt für soziale Einrichtungen 5 %, 3 % Skonto bei Zahlung innerhalb 10 Tagen | 3.300,00 € ./. 165,00 € 3.135,00 € ./. 94,05 € 3.040,95 € |
|---|---|---|

Damit ist B das günstigste Angebot. Bei entsprechender Entscheidung werden die Kosten für das neue Geschirr 3.040,95 € betragen.

Die folgende interne Kalkulation soll berücksichtigen, dass bei der Beschaffung und gegebenenfalls für die Bereitstellung zum weiteren Verkauf weitere Kosten anfallen:

| | | Erläuterung |
|---|---|---|
| | Bezugspreis | |
| + | Handlungskosten | anteilige Gemeinkosten, z.b. Warenannahme, Lagerung, Buchungen, Raumkosten usw. |
| = | Selbstkostenpreis | |
| + | Gewinn | z.b. als prozentualer Zuschlag zum Selbstkostenpreis |
| = | Barverkaufspreis | |

*Beispiel:*
Für eine Disco-Veranstaltung in einem Jugendzentrum werden u.a. 10 Kästen Mineralwasser zum Preis von 60,00 € eingekauft. Wenn zum Selbstkostenpreis ausgeschenkt werden soll, sind die anteiligen Gemeinkosten für Lagerung, Personal usw. auf den Bezugspreis aufzuschlagen. Gegebenenfalls wird ein Gewinnzuschlag zu berücksichtigen sein.

Bei der folgenden Absatzkalkulation sind insbesondere die Zahlungskonditionen einzubeziehen, um den gewünschten tatsächlichen Verkaufspreis erzielen zu können:

| | | Erläuterung |
|---|---|---|
| | Barverkaufspreis | |
| + | Provision | z.b. Vergütung für den Außendienst, i.d.R. prozentual berechnet |
| + | Kundenskonto | Preisnachlass für schnelle Bezahlung, dient der Sicherung der Liquidität der Minderung des Ausfallrisikos |
| = | Zielverkaufspreis | |
| + | Kundenrabatt | z.b. Mengenrabatt, Sozialrabatt |
| = | Listenverkaufspreis oder Nettoverkaufspreis | |
| + | Umsatzsteuer | |
| = | Bruttoverkaufspreis | |

*Beispiel:*
Zu einer Disco-Veranstaltung des Jugendzentrums werden Eintrittskarten an einem örtlichen Kiosk verkauft. Es soll ein Barverkaufspreis von 1,80 € erzielt werden. Schüler erhalten einen Nachlass von 50 %, sie machen die Hälfte der Besucher aus.

| | Schülerpreis |
|---|---|
| Barverkaufspreis | 1,80 € |
| Provision 20 % vom Bruttoverkaufspreis | 1,20 € |
| Zielverkaufspreis | 3,00 € |
| Schülerrabatt | 3,00 € |
| Nettoverkaufspreis | 6,00 € |
| Umsatzsteuer | steuerfrei gem. § 4 Nr. 25 UStG |
| Bruttoverkaufspreis | 6,00 € |

## 4.4 Kalkulation bei Kuppelprodukten

Kuppelprodukte entstehen in komplexen Produktionsprozessen, bei denen aufgrund von nicht beeinflussbaren Gegebenheiten natürlicher oder technischer Natur unvermeidbar mehrere Produkte entstehen. Die Kostenzuordnung ist dann äußerst schwierig, manchmal unmöglich bzw. nur willkürlich.

Beispiele für solche Kuppelproduktionsprozesse sind:

▪ Aus Steinkohle und hoher Temperatur entstehen Koks, Gase, Teer, Ammoniak und Benzol

▪ Aus Erdöl und hoher Temperatur entstehen Benzin, Diesel, Gase und Öle

▪ Bei der Produktion von Brettern entsteht Sägemehl, das weiterverarbeitet werden kann

▪ Bei der Produktion von Wein ergeben sich Rückstände, die zu Trester gebrannt werden können

## 4.5 Restwertverfahren

Sofern es ein eindeutiges Hauptprodukt gibt, kann das Restwertverfahren angewandt werden. Von den Gesamtkosten der Produktion werden die Erlöse abgezogen, die sich aus der Verwertung des Nebenproduktes ergeben. Die Differenz beschreibt dann die Kosten für das Hauptprodukt. Dabei ergeben sich erhebliche Gestaltungsspielräume, denn die Verwertung, die die Kosten des Hauptproduktes bestimmt, kann offensichtlich mit unterschiedlichen unternehmerischen Zielen erfolgen.

## 4.6 Marktwertverfahren

Wenn kein eindeutiges Hauptprodukt existiert, muss eine andere Kostenverteilungsregel angewandt werden. Mann kann mit dem so genannten Marktwertverfahren die Kostenverteilung nach den relativen Marktwerten der erzeugten Produkte vornehmen. Produkten mit einem höheren Marktwert wird dann einen größeren Teil der Gesamtkosten der Produktion zugeordnet als Produkten mit einem niedrigeren Marktwert. Entscheidender Schlüssel für die Kostenverteilung ist also in diesem Fall das Verhältnis der Marktpreise der erzeugten Güter zueinander.

Es sei darauf hingewiesen, dass das Marktwertverfahren gegen Grundregeln der Kostenrechnung verstößt. Eine verursachungsgerechte Kostenverteilung ist nicht möglich, denn der Marktwert ergibt sich nach anderen Kriterien, die durch die Produktion nicht zu beeinflussen sind, z.B. durch die Wettbewerbssituation. Externe Faktoren beeinflussen so die Kostenrechnung, die als internes Informationssystem zu verstehen ist.

## 4.7 Äquivalenzziffernrechnung

Die Äquivalenzziffernrechnung kann bei einer Kalkulation angewandt werden, wenn sich Produkte grundsätzlich sehr ähnlich sind, sicher aber in bestimmten Eigenschaften unterscheiden. Es werden also verschiedene Sorten eines Produktes hergestellt, die Kostensituation ist verwandt.

Bei dieser Voraussetzung sind die Kosten nicht gleich, stehen aber in einer festen Relation zueinander, weil z.B. die gleichen Einsatzstoffe in unterschiedlicher Menge verwandt werden oder lediglich die Arbeitszeit unterschiedlich ist.

*Beispiel:*
In einem Seniorenheim wird ein Reinigungsdienst für die Wohneinheiten in drei Leistungsstufen angeboten:

| Grundleistung | 30 Min / Tag | in 30 Wohneinheiten |
|---|---|---|
| Regelleistung | 60 Min / Tag | in 20 Wohneinheiten |
| Komplettangebot | 90 Min / Tag | in 40 Wohneinheiten |

Das schwierigste Problem bei dieser Vorgehensweise ist die Ermittlung der Äquivalenzziffern. Ausgangspunkt ist die Bildung von Kostenrelationen durch Messung oder auf Grund von Erfahrungen, z.B. für die aufgewandte Arbeitszeit. Diese Kostenrelation nach definierten Merkmalen bildet die Äquivalenzziffern. Das erscheint in vielen Fällen auch plausibel, z.B. werden die Kosten für die notwendigen Reinigungsmittel und die Erneuerung der Putzgeräte der notwendigen Reinigungszeit proportional sein.

Für andere Kostenarten, z.b. die Verwaltung, wird diese Annahme nicht sinnvoll sein, weil sie nicht der gewählten Kostenrelation entspricht.

*Beispiel:*
Die Kosten für die Akquisition, die Einteilung der Reinigungskräfte und die Rechnungserstellung werden für den Reinigungsdienst im Seniorenheim nicht von der Arbeitszeit abhängen, sondern je Wohneinheit gleich sein.

Neben der Kostenrelation muss bei der Äquivalenzziffernrechnung die Mengenrelation in die Überlegungen einfließen. Erst die Multiplikation der Äquivalenzziffern mit den Mengen ergibt die Rechnungseinheiten, die der Rechnung zu Grunde gelegt werden. So werden die einzelnen Leistungen rechnerisch vergleichbar gemacht.

*Beispiel:*
Es ergibt sich folgender Zusammenhang, wenn die Gesamtkosten der Reinigung im obigen Beispiel 38.000 € betragen:

| Angebot | ÄZ | Menge | Rechnungseinheit | Kosten pro Einheit | Kosten pro Angebotsart |
|---------|----|-------|------------------|--------------------|------------------------|
| 30 Min | 1 | 30 WE | 30 | 200 | 6.000 |
| 60 Min | 2 | 20 WE | 40 | 400 | 8.000 |
| 90 Min | 3 | 40 WE | 120 | 600 | 24.000 |

Die Gesamtkosten in Höhe von 38.000 € verteilt auf 190 Rechnungseinheiten ergibt 200 € = Verrechnungssatz. Die Multiplikation des Verrechnungssatzes mit der Zahl der Verrechnungseinheiten zeigt die Gesamtkosten je Angebotsart.

Die Vorgehensweise verdeutlicht, dass die Äquivalenzzifferrechnung eine spezielle Form der Divisionskalkulation ist. Wenn die Gesamtkosten für mehrere Kostenarten oder Kostenstellen bekannt sind, kann die einfache zu einer mehrstufigen Äquivalenzzifferrechnung verfeinert werden.

# 5 Auswertung

Da die Kostenrechnung ein Kontroll-, Entscheidungs- und Steuerungsinstrument sein soll, muss es Instrumente und Regeln geben, nach denen die erfassten Daten ausgewertet und bewertet werden. Die Maßstäbe ergeben sich aus den Zielsetzungen der Organisation.

## 5.1 Voll- und Teilkostenrechnung

Bei der Vollkostenrechnung werden alle entstandenen Kosten, die in einer bestimmten Periode anfallen, auf die Kostenträger, also die Produkte, verteilt. Sie eignet sich damit vor allem für die Erfolgsrechnung und die Kalkulation. Als Basis für die Ermittlung des Verkaufspreises ist sie bestens geeignet. Auch für die Nachkalkulation und damit die Kostenkontrolle ist sie unabdingbar.

Für die Berücksichtigung aller Kostenbestandteile spricht, dass letztlich sämtliche Kosten von den Erlösen der abgesetzten Produkte gedeckt sein müssen, andernfalls wäre die Existenz der betrachteten Organisationseinheit auf Dauer gefährdet.

Für bestimmte Fragestellungen ist die Vollkostenrechnung aber eher ungeeignet, weil sie zu falschen Ergebnissen führen kann. Das Hauptproblem ist die Zuordnung der Fixkosten zu den Produkten. Sie werden üblicherweise mit Hilfe eines Zuschlagsatzes[48] auf die Einzelkosten aufgeschlagen, wobei die Ermittlung der Zuschlagsätze ein eigenes kostenrechnerisches Problem darstellt, weil die Ermittlung und Festlegung der Verteilerschlüssel die entscheidende Rolle spielt.

Bei dieser Vorgehensweise wird die Abhängigkeit der Fixkosten von der Beschäftigung ignoriert: Es wird angenommen, dass sich die Fixkosten genauso verhalten wie die variablen Kosten, was aber keineswegs zwingend ist. Bei Beschäftigungsveränderungen können sich so nicht ursachengerechte Kostenzuordnungen ergeben. Deshalb ist die Vollkostenrechnung zur Lösung bestimmter Fragestellungen ungeeignet.

Die Teilkostenrechnung bietet einen weiterführenden Ansatz. Als Entscheidungsgrundlage werden dabei neben den Erlösen nur die variablen Kosten herangezogen, die fixen Kosten gelten kurzfristig als unbeeinflussbar und werden zunächst nicht berücksichtigt. Langfristig müssen sie natürlich auch gedeckt sein.

---

[48] Vgl. Kapitel 4.2

*Beispiel:*
Der Küchenchef einer Seniorenresidenz hat folgende Werte ermittelt:

|  | Stammessen | vegetarisch | Diät | gesamt |
|---|---|---|---|---|
| Fertigungsmaterial | 1.200 | 700 | 1.000 | 2.900 |
| Fertigungslöhne | 80 | 80 | 120 | 280 |
|  | 1.280 | 780 | 1.120 | 3.180 |
| Fixkostenumlage | 600 | 600 | 600 | 1.800 |
|  | 1.880 | 1.320 | 1.720 | 4.980 |
| Verkaufserlös | 2.400 | 1.080 | 2.100 | 5.580 |
| **Betriebsergebnis** | 520 | ./. 300 | 380 | 600 |

Wenn der Küchenchef daraus schließt, das vegetarische Essen nicht mehr anzubieten, weil es nicht kostendeckend hergestellt werden könne, bleiben die variablen Kosten für die beiden restlichen Essen unverändert, aber die Fixkosten können nur noch auf diese beiden Angebote verteilt werden. Es ergibt sich (unter der Annahme, dass die Vegetarier nicht auf die anderen Angebote ausweichen):

|  | Stammessen | vegetarisch | Diät | gesamt |
|---|---|---|---|---|
| Fertigungsmaterial | 1.200 | 0 | 1.000 | *2.200* |
| Fertigungslöhne | 80 | 0 | 120 | *200* |
|  | 1.280 | 0 | 1.120 | *2.400* |
| Fixkostenumlage | *900* | 0 | *900* | 1.800 |
|  | *2.120* | 0 | *2.020* | *4.200* |
| Verkaufserlös | 2.400 | 0 | 2.100 | *4.500* |
| Betriebsergebnis | *220* | 0 | *80* | 300 |

Der Vergleich zeigt, dass es die falsche Entscheidung gewesen wäre, das vegetarische Essen nicht mehr anzubieten, das Betriebsergebnis insgesamt würde sich verschlechtern.

Eine grafische Darstellung kann die unterschiedlichen Ansätze nochmals verdeutlichen. Vereinfachend wird in dem erläuternden Beispiel angenommen, dass nur ein Produkt hergestellt wird.

*Beispiel:*
Für einen Einproduktbetrieb liegen folgende Daten vor:

| variable Herstellkosten pro Stück | 36 | € |
|---|---|---|
| variable Vertriebskosten pro Stück | 4 | € |
| fixe verwaltungs- und Vertriebskosten | 3.000.000 | € |
| Verkaufspreis pro Stück | 60 | € |
| Herstellmenge | 220.000 | Stück |
| Absatzmenge | 200.000 | Stück |

Daraus ergibt sich:

| fixe Kosten insgesamt | | 3.000.000 € |
|---|---|---|
| variable Kosten insgesamt | 40 € x 200.000 Stück | 8.000.000 € |
| Kosten insgesamt | | 11.000.000 € |
| Erlös | 60 € x 200.000 Stück | 12.000.000 € |
| Betriebsergebnis | | 1.000.000 € |
| Gewinn je Stück | 1.000.000 € : 200.000 | 5 € |

Die Skizze zeigt die Situation, zunächst bei Vollkostenrechnung:

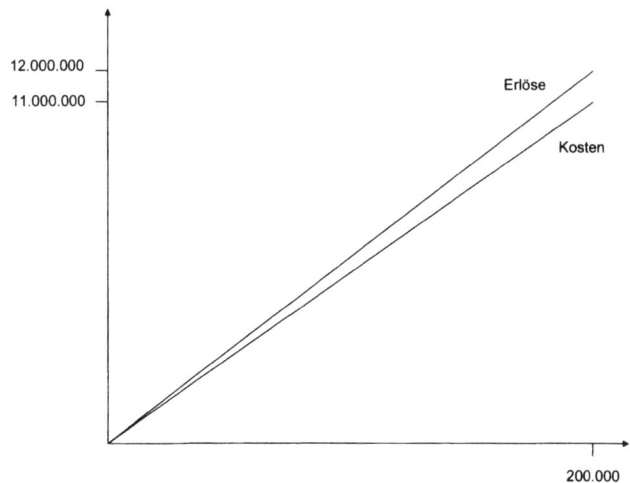

93

Diese Betrachtung auf Vollkostenbasis legt den Schluss nahe, dass ab der ersten Produktionseinheit bereits Gewinn gemacht wird. Eine einfache Überlegung ergibt aber, dass dies nicht richtig sein kann. Die Betrachtung auf Teilkostenbasis ergibt ein andres Bild:

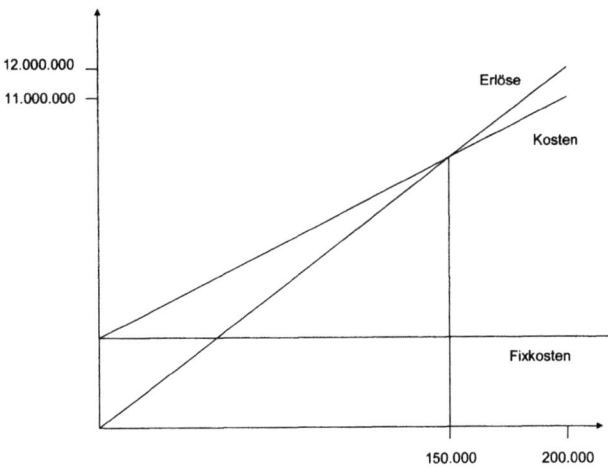

Bei getrennter Betrachtung der fixen und variablen Kosten zeigt sich, dass ein Gewinn erst ab einer Ausbringungsmenge von 150.000 Stück entsteht.

Die Mängel der Vollkostenrechnung kann die Teilkostenrechnung zwar weitgehend reduzieren, sie ist jedoch nicht geeignet, die Herstellungskosten zu ermitteln, wie sie zur Ermittlung der Bilanzansätze erforderlich sind.

## 5.2 Kurzfristige Erfolgsrechung

Eine der wesentlichen Aufgaben der Kostenrechnung ist die Ermittlung des betriebszweckbezogenen Ergebnisses. Das ist grundsätzlich die Differenz zwischen Kosten und Leistung:

$$
\begin{array}{rl}
 & \text{Leistung} \\
./. & \text{Kosten} \\
\hline
= & \text{Betriebsergebnis}
\end{array}
$$

Während in der Finanzbuchhaltung das Ergebnis in der Regel für ein Jahr festgestellt wird, muss das kostenrechnerische Ergebnis auch kurzfristiger zur Verfügung gestellt werden, wenn die Kostenrechnung ihrer Aufgabe gerecht werden soll, für Auswertungs- und Entscheidungszwecke zu dienen. Um kurzfristig zu Steuerungszwecken nutzbar zu sein, wird die Erfolgsrechnung im Rahmen der Kosten- und Leistungsrechnung i.d.R. mindestens monatlich, aber auch bei besonderem Bedarf durchgeführt.

Von Bedeutung für die kurzfristige Erfolgsrechnung sind das Gesamtkosten- und das Umsatzkostenverfahren. Das Vorgehen ist ähnlich, aber nicht gleich wie bei der Gewinn- und Verlustrechnung im Rahmen der Finanzbuchhaltung.[49]

### 5.2.1 Gesamtkostenverfahren

Bei diesem Verfahren werden die Gesamtkosten der Gesamtleistung gegenübergestellt. Der Vorteil dieses Verfahrens liegt darin, dass die Gesamtkosten normalerweise in der Praxis problemlos zu ermitteln sind. Dagegen sind die Leistungen nur dann eindeutig zu erfassen, wenn die Produkte vom Markt bewertet worden sind. Das ist aber bei Bestandsveränderungen bei fertigen und unfertigen Leistungen und bei Eigenleistungen nicht der Fall. Als Bewertungsmaßstab werden dann die Herstellkosten bis zum Grad der Fertigstellung herangezogen.

Damit ergibt sich als vervollständigte Rechnung:

I.  Gesamtleistung
    Umsatzerlöse (abgesetzte Menge x durchschnittlicher Stückerlös)
    Bestandsveränderungen
    + Bestandserhöhung
    - Bestandsminderung
    Eigenleistungen (zu Herstellkosten)
abzüglich
II. Gesamtkosten (Kosten der gesamten Leistungsmenge)
    =  Betriebsergebnis

Die Bezugsgröße bei dem Gesamtkostenverfahren ist die gesamte Leistungsmenge.

In den Gesamtkosten sind auch die Kosten enthalten, die hinsichtlich der Bestandsveränderungen und der Eigenleistung angefallen sind. Damit werden diese Anteile am Betriebsergebnis zweimal mit den gleichen Werten erfasst, einmal mit den Gesamtkosten und einmal bei der Bestandsveränderung bzw.

---

[49] Vgl. § 275 Abs. 2 und 3 HGB

Eigenleistung. Wegen der unterschiedlichen Vorzeichen ist der Einfluss auf das Betriebsergebnis dabei 0.

*Beispiel:*
Für einen Produktionsbetrieb soll das Betriebsergebnis nach dem Gesamtkostenverfahren berechnet werden.

| | | |
|---|---|---|
| Verkaufserlöse | 32.000 | € |
| verkaufte Menge | 160 | Stück |
| produzierte Menge | 200 | Stück |
| Herstellkosten insgesamt | 24.000 | € |
| Verwaltungs- und Vertriebskosten insgesamt | 3.200 | € |
| im eigenen Betrieb eingesetzte Menge | 2 | Stück |

Betriebsergebnis:

| | | |
|---|---|---|
| I. | Gesamtleistung | |
| | 1. Erlöse | 32.000 € |
| | 2. Bestandserhöhung (38 Stück x 120 €) | 4.560 € |
| | 3. Eigenleistung (2 Stück x 120 €) | 240 € |
| II. | Gesamtkosten (24.000 + 3.200 €) | 27.200 € |
| | Betriebsergebnis | 9.600 € |

## 5.2.2 Umsatzkostenverfahren

Bei diesem Verfahren werden nur die Umsatzkosten betrachtet, d.h. die Kosten der abgesetzten Einheiten. Bezugsgröße ist also diesmal die Umsatz- bzw. Absatzmenge, Bestandsveränderungen und Eigenleistungen bleiben unberücksichtigt. Erforderlich ist dazu eine Kostenrechnung, die eine eindeutige und sinnvolle Zuordnung der Kosten zu der abgesetzten Menge erlaubt.

Das Ermittlungsschema nach dem Umsatzkostenverfahren hat danach folgendes Aussehen:

I.  Umsatzleistung
abzüglich
II.  Umsatzkosten
      Herstellkosten der abgesetzten Menge
      Verwaltungs- und Vertriebskosten der abgesetzten Einheiten
=  Betriebsergebnis

Die Erlöse dieser Umsatzleistung können auch aus den, Lagerbestandsminderungen oder dem Verkauf von Eigenleistungen resultieren. In diesen Fällen, die Kosten aus früheren Perioden betreffen, müssen die damaligen Herstellkosten jetzt beim Absatz erfasst und den Erlösen gegenübergestellt werden. Das Umsatzkostenverfahren berücksichtigt nicht die Erhöhung von Lagerbeständen und den Zugang an Eigenleistungen.

*Beispiel:*
Wird das obige Beispiel nach dem Umsatzkostenverfahren bearbeitet, ergibt sich

| | | |
|---|---|---|
| I. | Umsatzleistung (160 Stück x 200 €) | 32.000 € |
| | abzüglich | |
| II. | Umsatzkosten | |
| | 1. Herstellkosten (160 Stück x 120 €) | 19.200 € |
| | 2. Verwaltungs- und Vertriebskosten (160 Stück x 20 €) | 3.200 € |
| | Betriebsergebnis | 9.600 € |

Selbstverständlich müssen beide Verfahren zu dem gleichen Ergebnis führen. Die Entscheidung für das eine oder andere wird davon abhängen, welche Informationen zur Verfügung stehen.

## 5.2.3 Rendite

Im Zusammenhang mit der kurzfristigen Erfolgsrechnung ist die Ermittlung der Rendite von besonderer Bedeutung. Sie ist allgemein definiert als

$$\frac{\text{Unternehmensergebnis}}{\text{eingesetztes Kapital}} \times 100\%$$

Angezeigt wird also der finanzielle Erfolg, den die Kapitalgeber durch ihr eingesetztes Kapital erzielt haben. Wenn die Bezugsgröße das eingesetzte Eigenkapital[50] ohne Berücksichtigung des Fremdkapitals[51] sein soll, gilt entsprechend

$$\frac{\text{Unternehmensergebnis}}{\text{Eigenkapital}} \times 100\%.$$

---

[50] Das Eigenkapital ist der Teil des investierten Kapitals, der auf die Eigentümer entfällt. Es steht langfristig zur Verfügung.
[51] Fremdkapital sind die Mittel, die von außen beschafft werden, z.B. von Banken oder Lieferanten.

Wenn das Unternehmensergebnis auf das Gesamtkapital bezogen wird, gilt

$$\frac{\text{Unternehmensergebnis}}{\text{Gesamtkapital (Eigenkapital + Fremdkapital)}} \times 100\%.$$

Die Ermittlung der Fremdkapitalrendite ist nicht sinnvoll.

Die Ermittlung der Rentabilität ist schwierig, weil zunächst festgestellt werden muss, wie das Unternehmensergebnis ermittelt werden kann und wie hoch es folglich ist. Zur Auswahl stehen aus der Finanzbuchhaltung der in der Bilanz ausgewiesene Gewinn[52] und der Jahresüberschuss aus der Gewinn- und Verlustrechnung[53]. Allerdings wird der "Gewinn" eventuell auch durch Ergebnisse früherer Perioden beeinflusst, während die GuV ausschließlich die Geschäftstätigkeit der betrachteten Periode abbildet. Deshalb erfolgt die periodengerechte Berechnung der Eigenkapitalrendite als

$$\frac{\text{Jahresüberschuss}}{\text{Eigenkapital}} \times 100\%.$$

Weitere Konkretisierungen sind erforderlich: Da Steuern nichts mit der Rentabilität zu tun haben, gilt

$$\frac{\text{Jahresüberschuss vor Ertragsteuern}}{\text{Eigenkapital}} \times 100\%$$

Und damit die Rendite nicht beeinflusst wird von der Rechtsform, sollte der Unternehmerlohn[54] bei Personengesellschaften vom Jahresüberschuss abgezogen werden:

$$\frac{\text{Jahresüberschuss vor Ertragsteuern ./. Unternehmerlohn}}{\text{Eigenkapital}} \times 100\%$$

Die Höhe der Eigenkapitalrentabilität ist selbstverständlich sehr unterschiedlich. Aus Sicht der Kapitaleigentümer sollte sie möglichst hoch sein. Aus betriebswirtschaftlicher Sicht lässt sich aber eine erwartete Untergrenze angeben:

---

[52] Vgl. § 266 Abs. 3 und 268 Abs. 1 HGB
[53] Vgl. § 275 Abs. 2 f. HGB
[54] Der Unternehmerlohn ist bei Personengesellschaften zu berücksichtigen, um eine Vergleichbarkeit mit Kapitalgesellschaften zu ermöglichen. Vgl. Kapitel 3.3.3.3

Die Rendite soll einerseits den Preis widerspiegeln für die Überlassung des Kapitals und andererseits auch das Risiko der Kapitalanlage berücksichtigen. Für Anlagen mit höherem Risiko sollte daher auch eine höhere Rendite erwartet werden können. Orientierung bietet dabei das Zinsniveau des Kapitalmarktes, das die erreichbare Rendite bei alternativer Anlage beschreibt. Praktisch ohne Risiko sind beispielsweise Anleihen des Bundes[55], mit einem Risikoaufschlag werden Anleihen gehandelt, deren Rückzahlung weniger sicher ist. Die Renditeerwartung beschreibt also

$$
\begin{array}{rl}
 & \text{Kapitalmarktzins} \\
+ & \underline{\text{Risikozuschlag}} \\
= & \text{Erwartete Rendite}
\end{array}
$$

Die Höhe des Risikozuschlages lässt sich nicht allgemein angeben, weil sie von der Risikoeinschätzung abhängig ist. Allgemein ist der Zuschlag für erhöhte Risiken beim Abschluss von Versicherungen.

Eine besondere Form, die Rendite zu ermitteln, ist die Umsatzrentabilität. Die wie oben beschrieben ermittelte Jahresergebnisgröße wird dazu bezogen auf die Umsatzerlöse der gleichen Periode. Die übliche Formel lautet

$$
\frac{\text{Jahresüber schuss}}{\text{Umsatzerlö se}} \times 100\%,
$$

wobei davon ausgegangen wird, die Bestandsveränderungen so gering sind, dass sie vernachlässigt werden können.

*Beispiel:*

| Umsatzerlöse | 3.000.000 € |
|---|---|
| Jahresüberschuss | 250.000 € |
| Rendite | 8 1/3 % |

Für verschiedene Branchen gibt das Statistische Bundesamt für das Jahr 2003 folgende durchschnittlichen Umsatzrenditen an[56]:

---

[55] Zu aktuellen Werten vgl. z.B. www.bundeswertpapiere.com
[56] http://kolloq.destatis.de/2003/spengel.pdf

|                        | Umsatzrendite |
|------------------------|---------------|
| Verarbeitendes Gewerbe | 3,8 %         |
| Baugewerbe             | 0,9 %         |
| Dienstleistung         | 3,6 %         |
| Handel                 | 1,0 %         |

## 5.3  Break-even-Analyse

Das zentrale Interesse der Auswertung der Kostenrechnung gilt der Frage, welche Ausbringungsmenge erforderlich ist, um Gewinn zu erzielen. Dies ist auch für Organisationen von Interesse. die die keine Gewinnmaximierung anstreben, die Kostendeckung erreichen wollen oder denen ein bestimmter Kostendeckungsgrad vorgegeben wird. Die Überlegungen sind grundsätzlich die gleichen, Schwierigkeiten können allerdings bei der Bewertung der "Leistung" entstehen.

Ein neues Unternehmen wird wahrscheinlich zunächst Verluste machen und erst im Laufe der Zeit die Gewinnschwelle erreichen.

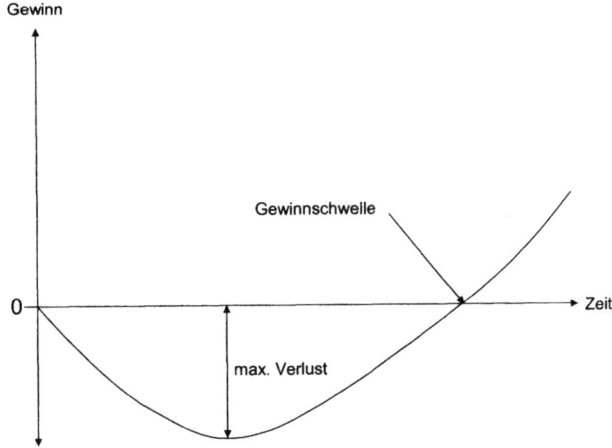

Der Gewinn eines Unternehmens ist in der Marktwirtschaft der wichtigste Maßstab für den Erfolg eines Unternehmens. Die Break-even-Analyse erleichtert, die operativen und strategischen Entscheidungen schnell und zielorientiert vorzubereiten und zu treffen. Das Verfahren ist einfach und flexibel nutzbar, so dass man damit auch ohne allzu intensive kostenrechnerische Vorbildung Entscheidungssituationen durchspielen kann.

Es geht um die Untersuchung, bei welchen Parameterwerten ein Vorhaben in der Gewinnzone ist und wo die entsprechenden Grenzwerte liegen, wann also Kostendeckung erreicht wird. Normalerweise wird dazu die Abhängigkeit von der Ausbringungsmenge betrachtet Bei linearem Kostenverlauf wird im typischen Fall ab einer bestimmten produzierten Stückzahl der Gewinn positiv.

Die Break-even-Analyse ist dann eine Methode zur Ermittlung jener Absatzmenge, bei der ein Anbieter seine Kosten gedeckt hat und bei der die Gewinnzone beginnt. An diesem Punkt werden die Fixkosten von den durch den Verkauf erzielten Deckungsbeiträgen[57] vollständig abgedeckt. Man erreicht die Gewinnschwelle oder den Break-even-point.

Bis zur Erreichung des Break-even-Punktes werden alle Deckungsbeiträge zur Deckung der anfallenden Strukturkosten benötigt. Mathematisch bedeutet das, dass im Break-even-point die Kostenfunktion identisch ist mit der Umsatzfunktion, die Summe der Erlöse gleicht die Gesamtkosten gerade aus:

$$Kosten = Erlöse.$$

$$k_x = k_{vx} + k_f = E_x$$

Durch Umformung ergibt sich

$$k_f = E_x - k_{vx}$$

$$\frac{k_f}{x} = (E - k_v)$$

$$x = \frac{k_f}{E - k_v}$$

Damit gilt $$Break-even-Point = \frac{Fixkosten}{Deckungsbeitrag}$$

Die entscheidenden Größen zur Ermittlung des Break-even-Point sind der Deckungsbeitrag und die Fixkosten. Er ist genau bei der Menge erreicht, bei der die Höhe der Fixkosten der Summe der Deckungsbeiträge entspricht. Alle größeren Mengen liegen in der Gewinnzone, weil die die Erlöse höher sind als die Kosten.

Grafisch lässt sich der Break-even-Point so ermitteln und darstellen:

---

[57] Vgl. Kap. 5.4

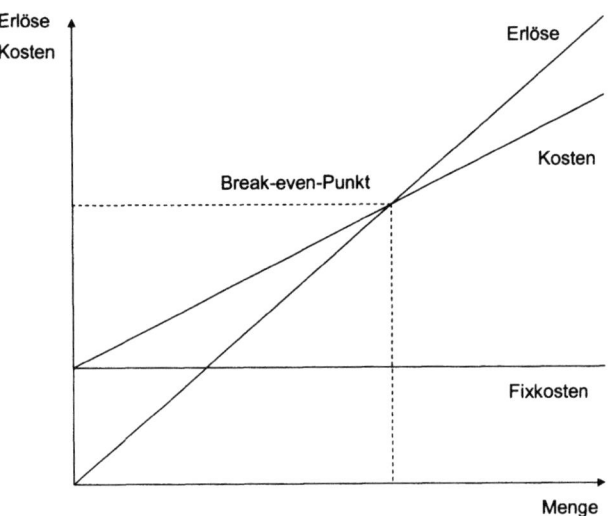

Die Skizze stellt eine sehr einfache Situation dar, tatsächlich müssen weder die Kosten noch die Erlöse gleichmäßig zunehmen, Kosten- und Erlösfunktion müssen keinesfalls linear sein. Statt der Geraden müssten dann Kurven zur grafischen Ermittlung des Break-even-Point benutzt werden. Wie die klassische Darstellung ist dann zu variieren sein kann, zeigt ein Beispiel:

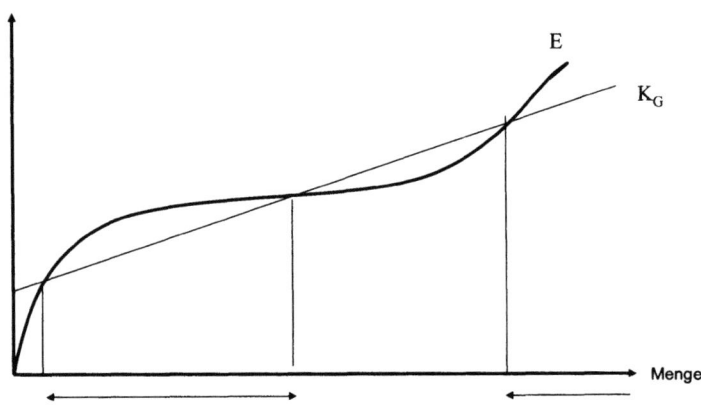

Die Break-even-Analyse ist ein wichtiges Instrument für die Unternehmensplanung. Sie hilft, den Einfluss von Änderungen der Kostenstruktur zu analysieren und die Anforderungen an die Absatzmenge festzustellen. Aus der Formel sind im Zusammenhang mit der Skizze folgende Zusammenhänge zu erkennen: Steigen die Fixkosten oder die variablen Kosten je Stück, steigt der Break-even-Point. In diesem Falle ist eine höhere Stückzahl zu produzieren und abzusetzen, um keine Verluste zu erwirtschaften. Steigt jedoch der Preis, so sinkt die zum Erreichen des Break-even-Points notwendige Absatzmenge.

Mit der Break-even-Analyse lassen sich die Auswirkungen von Einzelmaßnahmen auf den Gewinn bei Umsatz- und Kostenänderungen berechnen. Beispielsweise können Fragen nach den Auswirkungen zusätzlicher Werbung oder notwendiger Preissenkungen auf den Gewinn beantwortet werden.

Wenn ein neues Produkt geplant ist, die künftige Absatzmenge aber nicht genau vorhersehbar ist, gibt der Break-even-Point an, wie hoch die Absatzmenge mindesten sein muss, um eine Kostendeckung zu erreichen.

*Beispiel:*
In einer Jugendwerkstatt wird überlegt, zukünftig einen modernen Ausziehtisch herzustellen und auf dem Markt anzubieten. Folgende Kosten sind bekannt:

Werkstattmiete pro Jahr  24.000,00 €

Herstellkosten
pro Tisch                500,00 €

geplanter Verkaufspreis
pro Tisch                800,00 €

Zunächst werden die Kosten in fixe und variable aufgeteilt. Die Fixkosten fallen an unabhängig von der Produktionsmenge. Im Beispiel ist dies nur die Miete. Die variablen Kosten (hier die Herstellkosten) sind abhängig von der produzierten Menge. Es handelt sich in der Praxis meist um Materialverbrauch, Produktionslöhne usw.

Hieraus ergibt sich in folgende Tabelle:

| Produzierte Tische | Fixkosten | variable Kosten | Gesamtkosten | Verkaufserlös | Gewinn-Verlust |
|---|---|---|---|---|---|
| 0 | 24.000 | 0 | 24.000 | 0 | -24.000 |
| 1 | 24.000 | 500 | 24.500 | 800 | -23.700 |
| 10 | 24.000 | 5.000 | 29.000 | 8.000 | -21.000 |
| **80** | **24.000** | **40.000** | **64.000** | **64.000** | **0** |
| 100 | 24.000 | 50.000 | 74.000 | 80.000 | 6.000 |
| 1.000 | 24.000 | 500.000 | 524.000 | 800.000 | 276.000 |

Unter der Annahme, dass die produzierten Tische auch verkauft werden, wird der Break-even-Point bei einer Menge von 80 Tischen erreicht. Ab 81 Tischen macht die Jugendwerkstatt bei den getroffenen Annahmen Gewinn.

## 5.4 Deckungsbeitragsrechnung

Für produktbezogene Entscheidungen ist von grundlegender Bedeutung, ob und in welchem Ausmaß durch ein Produkt ein Beitrag geleistet werden kann zur Deckung des Fixkostenblockes. Dazu dient die Deckungsbeitragsrechnung. Sie ist - auch in Organisationseinheiten, die keine Gewinnerzielungsabsicht haben-eine wichtige Hilfe, wenn entschieden werden muss, ob eine Maßnahme auch dann durchgeführt werden soll, wenn nicht alle Kosten gedeckt sind.

Zunächst erscheint die Vermutung einsichtig, dass es nicht sinnvoll sein könne, einen Auftrag anzunehmen, wenn die ermittelten und veranschlagten Kosten höher sind als die erwarteten Einnahmen. Die Orientierung an dieser simplen Überlegung muss jedoch nicht zu dem bestmöglichen Ergebnis führen.

In der Deckungsbeitragsrechnung werden die Kosten zunächst aufgeteilt in fixe und variable Kosten[58]. Der Deckungsbeitrag ist dann definiert als Differenz zwischen Erlösen und variablen Kosten. Die möglichst genaue Kostenaufteilung ist also Voraussetzung für den sinnvollen Einsatz der Deckungs- beitragsrechnung. Der Betriebsleitung muss bekannt sein, welchen Beitrag ein Produkt zur Deckung der fixen Kosten leistet. Das ist in der Praxis nicht immer gegeben.

---

[58] Vgl. oben Kapitel 2.2.1.

Der Deckungsbeitrag wird für jeden Kostenträger[59] festgestellt und zeigt folglich, welchen Beitrag dieser Kostenträger zur Deckung der Fixkosten beiträgt.

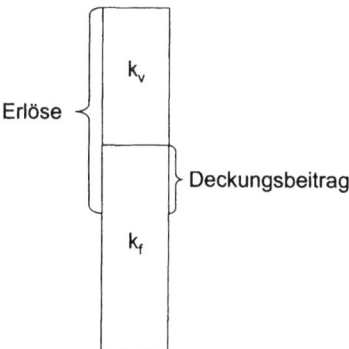

Wenn der Deckungsbeitrag positiv ist, wenn also gilt

Erlöse - variable Kosten > 0,

leistet er einen Beitrag zur Deckung der fixen Kosten, die insgesamt für die Bereitstellung der Produktionsmöglichkeit anfallen. Auch eine Leistungserbringung, die bei einer Vollkostenrechnung zu einem Verlust führt, kann einen Beitrag liefern zur Deckung der fixen Kosten, die auch bei Einstellung der Produktion nicht verhindert werden könnten.

Wenn die Fixkosten bereits durch Erlöse aus anderen Tätigkeitsbereichen der betrachteten Organisationseinheit gedeckt sind, entspricht der Deckungsbeitrag dem erzielten Gewinn:

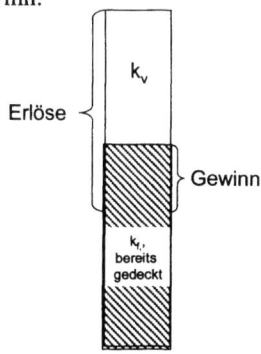

---

[59] Vgl. Kapitel 1.3.1.3.

*Beispiel:*
Die Küche der Seniorenresidenz erhält den Auftrag, ein Geburtstagsessen für 50 Personen außer Haus zu liefern. Die Kapazität dafür ist vorhanden. Der Auftraggeber ist bereit, 30 € je Essen, also insgesamt 1.500 € zu bezahlen.

Die Kalkulation ergibt, dass 28 € variable Kosten anfallen, die also nur durch diesen Auftrag entstehen (z.b. Lebensmitteleinsatz, Energie, Auslieferung). Die Fixkosten, die auch ohne diesen Auftrag anfallen (z.b. Personalkosten, Küchenausstattung), sind also in den 28 € nicht enthalten und würden bei Vollkostenrechnung zusätzlich 10 € pro Essen ausmachen.

Die Deckungsbeitragsrechnung hilft, zu entscheiden, ob dieser Auftrag angenommen werden sollte:
Bei einer Vollkostenrechnung mit Berücksichtigung der variablen und der anteiligen fixen Kosten muss der Auftrag abgelehnt werden, weil die Kosten in Höhe von 38 € (28 € + 10 €) durch den maximalen Preis von 30 € nicht gedeckt sind.

Allerdings führt die Annahme des Auftrages zu einem Deckungsbeitrag von 100 € ((30 € Erlöse - 28 € vK) x 50 Essen). Der Auftrag sollte angenommen werden, denn er trägt dazu bei, die Fixkosten der Küche zu decken. Sind die schon durch andere Aufträge gedeckt, so sind die 2 € pro Essen Gewinn für die Einrichtung.

Mit Hilfe der Vollkostenrechnung, die verlangt, dass auch die Fixkosten gedeckt sein müssen, würde man hier zu einer betriebswirtschaftlich falschen Entscheidung kommen. Natürlich muss aber grundsätzlich die Summe aller Deckungsbeiträge die Höhe der gesamten Fixkosten mindestens erreichen.

Mit dieser Methode lässt sich auch ermitteln, welcher Auftrag bei beschränkter Kapazität angenommen werden sollte. Man wird sich dann so entscheiden, dass ein möglichst hoher Deckungsbeitrag erreicht werden kann.

*Beispiel:*
Neben dem im vorigen Beispiel diskutierten Auftrag könnte die Küche alternativ auch einen anderen Auftrag annehmen: Die Leitung des Seniorenheimes möchte für einen exklusiven Kreis von 20 Förderern ein opulentes Weihnachtsessen veranstalten. Dafür stehen für jede eingeladene Person 50 € zur Verfügung. Die Kalkulation ergibt, dass durch den Einsatz von hochwertigen Lebensmitteln die variablen Kosten 48 € betragen werden.

Die Küchenleiterin ermittelt den Deckungsbeitrag: (50 € - 48 €) x 20 = 40 €. Dieser Auftrag ergibt also im Vergleich zu dem ersten einen deutlich niedrigeren Deckungsbeitrag. Unter betriebswirtschaftlichen Aspekten ist deshalb die Ausrichtung der Geburtstagsfeier dem Weihnachtsessen vorzuziehen.

Dieses Beispiel zeigt, dass mit Hilfe der Deckungsbeitragsrechnung das optimale Produktionsprogramm ermittelt werden kann, wenn wegen einer Engpasssituation nicht alle Aufträge abgearbeitet werden können. Hier besteht allerdings die zusätzliche Schwierigkeit, dass die Kapazitäten vollständig ausgelastet sein sollten. Dazu wird der relative Deckungsbeitrag berechnet, wenn ein Produkt in unterschiedlichen Mengen absetzbar ist.

*Beispiel:*
In der Küche der Seniorenresidenz stehen täglich 18 Arbeitsstunden zur Verfügung. Es werden vier verschiedene Essen angeboten, über die bekannt ist:

| Essen | normal | vegetarisch | natriumarm | kalorienreduziert |
|---|---|---|---|---|
| Mögliche Absatzmenge | 400 | 200 | 50 | 40 |
| Erlös / Stück | 8,00 € | 6,00 € | 6,00 € | 5,00 € |
| variable Kosten | 5,00 € | 4,50 € | 3,00 € | 2,00 € |
| absoluter DB | 3,00 € | 1,50 € | 3,00 € | 3,00 € |
| | | | | |
| Zeitbedarf pro Sorte | 8 Std. | 6 Std. | 3 Std. | 4 Std. |
| Zeitbedarf pro Stück | 1,2 Min | 1,8 Min | 3,6 Min | 6 Min |
| relativer Deckungsbeitrag | 2,5 | 0,83 | 0,83 | 0,5 |
| Rangfolge | 1. | 2. | 2. | 4. |

Da zur Herstellung der maximal absetzbaren Essen 21 Arbeitsstunden erforderlich sind, aber tatsächlich nur 18 zur Verfügung stehen, ist zu entscheiden, wie diese Zeit aufgeteilt wird. Aufgrund der relativen Deckungsbeiträge wird man die drei Stunden beim Essen "kalorienreduziert" kürzen und entsprechend nur 10 Essen dieser Art zubereiten. So ist das optimale Produktionsprogramm ermittelt.

Werden mehrere verschiedene Produkte in isolierbaren Produktionsbereichen hergestellt, so können für diese abgegrenzten Produktionsbereiche die entsprechenden Fixkosten ermittelt und dem Produkt bzw. der Produktgruppe zugerechnet werden. Teile der Fixkosten werden dann zwar nicht einzelnen Produkten, aber einer Produktart oder Produktgruppe zugeordnet. So entstehen Fixkostenblöcke für die abgegrenzten Bereiche und für die gesamte Organisationseinheit. Damit lassen sich dann mehrstufig Deckungsbeiträge ermitteln. Dieses Verfahren ist in der Praxis wegen der offensichtlichen Abgrenzungsfragen schwierig, lässt aber zusätzliche und weitergehende Analysen zu.
Eine Deckungsbeitragsrechnung kann als Teilkostenrechnung die Vollkostenrechnung nicht ersetzen. In bestimmten Fällen aber, besonders wenn in einer

bestehenden Organisationseinheit die Aufnahme von zusätzlichen Aktivitäten geprüft wird, kann sie eine sinnvolle Entscheidungshilfe sein, ja führt oft zu dem betriebswirtschaftlich einzig sinnvollen Ergebnis.

Allerdings soll nochmals auf eine - selbstverständliche - Bedingung hingewiesen werden: Bei allen Entscheidungen, die auf Ergebnissen von Deckungsbeitragsrechnungen beruhen, ist die Kostenstruktur der Gesamtorganisation zu beachten. Sonst könnten trotz positiver Deckungsbeiträge der verschiedenen Aktivitäten ihre Summe die Fixkosten nicht decken und damit insgesamt keine Kostendeckung erreicht werden. Langfristig müssen aber die Gesamtkosten durch die Erlöse gedeckt sein. Das Absatzvolumen, bei dem die Summe der erzielten Deckungsbeiträge genau so hoch ist wie der Fixkostenblock, bei dem also gerade Kostendeckung erreicht wird, kann durch eine einfache Berechnung ermittelt werden:

$$\text{Zur Kostendeckung erforderliche Menge} = \frac{\text{Fixkosten}}{\text{Deckungsbeitrag}}$$

Schließlich kann die Deckungsbeitragsrechnung bei der Entscheidung hilfreich sein, ob ein Produkt oder eine Leistung selbst erbracht oder fremdbezogen werden soll ("make or buy"). Fixkosten spielen dabei keine Rolle, sie fallen auf jeden Fall an. Entscheidungsrelevant sind variablen Kosten.

*Beispiel:*

In einem Seniorenheim wird überlegt, ob die Reinigung mit eigenem Personal und eigenen Geräten erfolgen soll oder ob ein Auftrag an eine Reinigungsfirma vergeben werden soll.

Der Verwaltung liegt ein Angebot eines Reinigungsunternehmens über 6.500 € pro Monat vor. Die internen Kostenberechnungen haben ergeben, dass die Reinigung mit eigenem Personal und eigenen Geräten 7.500 € pro Monat kosten würde, worin 1.500 € Fixkosten enthalten sind.

Entgegen erstem Anschein wird die Entscheidung zu Gunsten der Eigenleistung fallen, weil nur die variablen Kosten zu berücksichtigen sind, die mit 6.000 € niedriger liegen als das Angebot von 6.500 €.

Die Betrachtungen im Rahmen der Deckungsbeitragsrechnung beziehen sich immer auf einen bestimmten Zeitpunkt. Wenn die Fixkosten kurzfristig abgebaut werden können oder wenn sie kurzfristig einer anderen Leistung zugeordnet werden können, kann sich ein abweichendes Bild ergeben, das zu neuen Überlegungen führen muss.

## 5.5 Preisuntergrenzen

Preisuntergrenzen für Produkte sind auch in Organisationseinheiten von Bedeutung, deren Oberziel nicht die Gewinnmaximierung ist. Schließlich werden auch sie nicht auf Dauer arbeiten und ihre Leistung anbieten können, ohne wenigstens eine Kostendeckung zu erreichen. Dass dabei gegebenenfalls auch Zuschüsse und Zuweisungen unterschiedlicher Art zu berücksichtigen sind, macht diese Überlegungen nicht überflüssig. Hauptaufgabe der Kostenkontrolle ist, Unwirtschaftlichkeiten im Unternehmensprozess zu beseitigen. Wenn der Erfolg einer Organisationseinheit betriebswirtschaftlich gemessen wird als Differenz zwischen Erlösen und Kosten wird deutlich, warum der Kostenkontrolle, der Überwachung von Kostenveränderungen, besondere Aufmerksamkeit gewidmet werden muss. Ihr Ergebnis wird Einfluss haben auf die vorgehaltenen Kapazitäten, die Lagerhaltung, das Produktionsprogramm und vieles mehr. Verschiedene Methoden sind gebräuchlich.

### 5.5.1 Langfristige Preisuntergrenze

Langfristig kann jede Organisationseinheit nur existieren, wenn die gesamten Kosten, also die fixen und die variablen Kosten, vollständig gedeckt sind. Deshalb ist die langfristige Preisuntergrenze erreicht, wenn vollständige Kostendeckung gegeben ist..

Da die Preisuntergrenze den Mindestpreis der Produkte bestimmt, müssen die Fixkosten - zusätzlich zu den variablen Kosten - auf die einzelnen Produkte je Stück bzw. je Einheit verteilt werden. Erforderlich ist also eine Ermittlung der Vollkosten je Stück.

*Beispiel:*
In einer Küche "Essen auf Rädern" ist die langfristige Preisuntergrenze zu bestimmen, einmal für einen Auslastungsgrad von 80% (= 800 Essen) und zusätzlich für einen Auslastungsgrad von 100% (= 1.000 Essen).
Die variablen Kosten je Essen betragen 2,50 €, die gesamten Fixkosten für die Einrichtung betragen 6.000 €.

|  | 80% Auslastung | | 100% Auslastung | |
|---|---|---|---|---|
| variable Kosten pro Essen | | 2,50 € | | 2,50 € |
| fixe Kosten pro Essen | $\frac{6.000}{800}$ | 7,50 € | $\frac{6.000}{1.000}$ | 6,00 € |
| langfristige Preisuntergrenze | | 10,00 € | | 8,50 € |

In Abhängigkeit von dem Auslastungsgrad beträgt die Preisuntergrenze für das untersuchte Essen 10,00 € bzw. 8,50 €. Es zeigt sich das Ergebnis der Fixkostendegression: Da bei größerer Produktionsmenge der Fixkostenanteil je Stück kleiner wird, führt dies zu einer niedrigeren langfristigen Preisuntergrenze.

Im Rahmen der Erfolgsrechnung wird die langfristige Preisuntergrenze durch den break-even-point[60] bestimmt, denn in diesem Punkt sind genau alle Kosten gedeckt.

### 5.5.2 Kurzfristige Preisuntergrenze

Bei der Ermittlung der kurzfristigen Preisuntergrenze wird die Frage beantwortet, ob und gegebenenfalls wie weit betriebswirtschaftlich sinnvoll der Stückpreis gesenkt werden kann, bei welchem Teil der Kosten also - kurzfristig - auf eine Deckung verzichtet werden kann.

Zunächst wäre daran zu denken, einen Teil der kalkulatorischen Kosten[61] nicht zu berücksichtigen. Im Vollkostensatz sind auch kalkulatorische Zinsen enthalten, und zwar für das eingesetzte Eigenkapital. Darauf könnte kurzfristig verzichtet werden. Das gilt nicht für die Fremdkapitalzinsen, die ja tatsächlich gezahlt werden müssen.

Zum anderen greift die Überlegung, dass für jede zusätzlich erzeugte Einheit zumindest der Kostenzuwachs dafür gedeckt sein soll. Danach sollen also die variablen Kosten gedeckt sein, die auf kurze Sicht durch Produktion und Vertrieb verursacht werden. Auf die Deckung der fixen Kosten wird verzichtet, weil fixe Kosten kurzfristig nicht zu beeinflussen sind. Kurzfristig sind sie unvermeidlich und damit nicht entscheidungsrelevant.

---

[60] Vgl. Kapitel 5.3
[61] Vgl. Kapitel 3.3.3

In dem oben dargestellten Beispiel ergibt sich dann:

| | 80% Auslastung | 100% Auslastung |
|---|---|---|
| variable Kosten pro Essen = kurzfristige Preisuntergrenze | 2,50 € | 2,50 € |
| fixe Kosten pro Essen | $\dfrac{6.000}{800}$ 7,50 € | $\dfrac{6.000}{1.000}$ 6,00 € |
| langfristige Preisuntergrenze | 10,00 € | 8,50 € |

Bei der Ermittlung der kurzfristigen Preisuntergrenze auf diese Weise hat die Kapazitätsauslastung keinen Einfluss, weil keine Verteilung der Fixkosten auf die Produkte stattfindet. Der Preis von 2,50 € beschränkt also den preispolitischen Entscheidungsspielraum nach unten. Wenn der erzielbare Preis unter 2,50 € sinkt, sollte das Angebot sofort eingestellt werden.

Da aber Fixkosten grundsätzlich langfristig auch veränderbar sind[62], ist die Ermittlung der kurzfristigen Preisuntergrenze entscheidend davon abhängig, wie "kurzfristig" definiert ist.

Obwohl die Überlegungen ähnlich sind, ist die Ermittlung der kurzfristigen Preisuntergrenze mit der Deckungsbeitragsrechnung nicht identisch. Das ergibt sich schon dadurch, dass ein Deckungsbeitrag auch negativ sein kann, bei der Preisuntergrenze die variablen Kosten aber vollständig gedeckt sein müssen.

---

[62] Vgl. Kapitel 3.2.1

# 6    Kostenkontrolle

Hauptaufgabe der Kostenkontrolle ist, Unwirtschaftlichkeiten im Unternehmensprozess zu beseitigen. Wenn der Erfolg einer Organisationseinheit betriebswirtschaftlich gemessen wird als Differenz zwischen Erlösen und Kosten wird deutlich, warum der Kostenkontrolle, der Überwachung von Kostenveränderungen,
besondere Aufmerksamkeit gewidmet werden muss. Ihr Ergebnis wird Einfluss
haben auf die vorgehaltenen Kapazitäten, die Lagerhaltung, das Produktionsprogramm und vieles mehr. Verschiedene Methoden sind gebräuchlich.

## 6.1  Benchmarks

Benchmarking ist eine Methode, Arbeits- und Produktionsprozesse, aber auch
Managementtechniken und einzelne Produkte mit anderen Bereichen in der eigenen Organisation oder mit denen von Wettbewerbern zu vergleichen. Dadurch
sollen eventuell vorhandene eigene Schwachstellen identifiziert und gleichzeitig
Verbesserungsmöglichkeiten ermittelt werden. Das Benchmarking liefert die
relevanten Vergleichswerte.

Dazu erfolgt eine Kontrastierung zwischen verschiedenen Organisationseinheiten. Durch einen solchen Vergleich kann die eigene Position relativ bestimmt werden, eine Orientierung an den Besten wird möglich. Durch den direkten Vergleich ergeben sich Ansatzpunkte für eine Überprüfung in allen Bereichen, die Kostenkontrolle mit Auswirkungen auf das gesamte Kostenrechnungs-
system ist nur ein wichtiger Teil davon. Diese Methode ist in den 80er Jahren in
den Vereinigten Staaten entwickelt worden.

Selbstverständlich ist dabei zu allererst darauf zu achten, dass eine Vergleichbarkeit überhaupt gegeben ist, dass nicht "Äpfel mit Birnen verglichen"
werden. Die Orientierung muss aber nicht notwendig innerhalb der gleichen
Branche bzw. den gleichen Arbeitsfeldern erfolgen, sondern soll sich auf alle
bekannten Einheiten beziehen, die bestimmte Funktionen oder Aktivitäten besonders erfolgreich beherrschen. Möglicherweise liefert gerade der branchen-
übergreifende Vergleich Hinweise auf innovative Lösungen und echte Vor-
sprünge.

Benchmarking darf dabei nicht statisch sein, sondern muss als ein kontinu-
ierlicher Prozess verstanden werden. Organisationen verändern sich im Zeitablauf, ihre Methoden werden ständig verbessert und optimiert. Nur durch einen
permanenten Vergleich und eine permanente Auswertung der Ergebnisse für die
eigenen Belange ist gewährleistet, dass wirklich die besten Lösungen Vorbild
und Maßstab für die eigenen Entscheidungen sind.

Informationen für die Ermittlung von Benchmarks können aus verschiedensten Quellen stammen. Dabei erscheint der Datenaustausch gerade bei Einrichtungen, die nicht in einem direkten Wettbewerb stehen, durchaus sinnvoll.

*Beispiel:*
Jugendeinrichtungen von verschiedenen Trägern, die aber in vergleichbaren sozialen Umgebungen arbeiten, informieren sich gegenseitig über unterschiedliche durchgeführte Werbemaßnahmen. Der Vergleich von Personaleinsatz, Kosten der Fremdherstellung, Wege der Veröffentlichung und Verteilung kommt allen beteiligten Einrichtungen zu Gute: Weniger erfolgreiche Kampagnen können zukünftig vermieden und bessere übernommen werden, und die Einrichtung mit den erfolgreichsten Werbemaßnahmen wissen sicher, dass sie auf dem derzeit erfolgversprechendsten Weg sind.

Wichtigster Teil des Benchmarking ist das Cost Benchmarking. Es zielt auf eine Kostenreduktion. Zunächst werden dazu die Kostentreiber identifiziert, die anschließend verglichen werden mit den entsprechenden Kostentreibern anderer Organisationen. Auf diese Weise lässt sich die kostengünstigste Möglichkeit feststellen, eine bestimmte Aktivität durchzuführen.

Um eigene Vorteile aus dem Benchmarking ziehen zu können, werden die Ursachen für die Abweichungen von der besten Situation ermittelt. Diese Informationen führen zur Einleitung entsprechender Maßnahmen und gegebenenfalls zu veränderten strategischen Entscheidungen.

## 6.2 Normalkostenrechnung

Besonders bei der Planung von Aktivitäten und Produkten, die notwendig zukunftbezogen und damit unsicher ist, ist die Kostenplanung ein Problem. Um die Erfahrungen aus der Vergangenheit nutzen zu können, werden die Normalkosten ermittelt. Das sind die Durchschnittskosten der vergangenen Perioden, auf deren Basis die Zuschläge bei der Zuschlagskalkulation berechnet werden. Die Normalkostenrechnung ermöglicht also die Kalkulation vor Beginn der Produktion.

Der zweite und in der Praxis mindestens gleich wichtige Teil der Normalkostenrechnung ist der -retrospektive- Vergleich mit den ermittelten Normalkosten mit den tatsächlichen Istwerten, den tatsächlich entstandenen Kosten.

*Beispiel:*
In der Schreinerei einer Maßnahme zur Berufsvorbereitung sind aus den vergangenen Perioden folgende Zuschlagssätze ermittelt worden:

Material     95 %
Löhne        62 %
Verwaltung   21 %

Für die gerade abgelaufene Periode sind abweichend folgende Zuschlagsätze errechnet worden.

Material     100 %
Löhne        60 %
Verwaltung   20 %

Ein Vergleich ermöglicht die Kostenkontrolle:

|                              | Material | Löhne  | Verwaltung |
|------------------------------|----------|--------|------------|
| Bezugsgrundlage              | 20.000   | 10.000 | 10.000     |
| Normal-Gemeinkosten-Zuschlagsatz | 95 % | 62 %   | 21 %       |
| Normal-Gemeinkosten          | 19.000   | 6.200  | 2.100      |
| Ist-Gemeinkosten             | 20.000   | 6.000  | 2.000      |
| Unterdeckung                 | 1.000    |        |            |
| Überdeckung                  |          | 200    | 100        |

Im Beispiel wird eine Unterdeckung festgestellt, die Normalkosten waren zu niedrig ermittelt. Soweit die Analyse nicht ergibt, dass besondere Einflüsse in dieser gerade abgelaufenen Periode eine Rolle gespielt haben, sind die Normalkosten zukünftig auf der Basis der neuen Erkenntnisse anzupassen.

Gegen eine unkritische Anwendung der Normalkostenrechnung werden folgende Argumente geltend gemacht:

- Es wird lediglich ermittelt, ob der Gemeinkostenanteil von den erwarteten Anteilen abweicht. Beschäftigungsschwankungen bleiben unberücksichtigt.
- Preisveränderungen bleiben unberücksichtigt. Da der normale Zuschlagsatz über mehrere vergangene Perioden ermittelt wird, müsste eine Preisindexierung angestrebt werden.
- Gründe für die Abweichungen gegenüber den Normalkosten sind ohne weitere Kenntnisse nicht erkennbar.
- Sind in der Vergangenheit Fehler gemacht worden, so sind die Normalkosten sicher kein brauchbarer Maßstab.

## 6.3 Plankostenrechnung

Bei der Plankostenrechnung werden - anders als bei der Normalkostenrechnung ohne direkte Berücksichtigung der früheren Istkosten- Plankosten für einzelne Kostenarten festgelegt. Plankosten können ermittelt werden, wenn
- die geplante Menge
- die dazu erforderlichen Produktionsfaktoren
- die Preise dieser Produktionsfaktoren

bekannt sind.

Plankosten stellen den wertmäßigen Verbrauch von Gütern und Dienstleistungen zum Zwecke der geplanten betrieblichen Leistungserstellung in dem Planungszeitraum dar:

Plankosten = geplante Menge an Produktionsfaktoren x Planpreise

$$PK = PM \times PP$$

Es ist erkennbar, dass wieder mit Zukunftswerten gearbeitet wird, und damit sind die Annahmen und daraus folgend die ermittelten Zahlen notwendig mit Unsicherheiten behaftet.

Die Plankostenrechnung ist in der Praxis auch unter dem Begriff "Budgetierung" bekannt. Dabei handelt es sich um Vorgaben, die mit dieser Methode für die Betriebsbereiche ermittelt werden. Wegen dieser Vorgaben, die für die zukünftigen betrieblichen Entscheidungen Einschränkungen und bedeuten, stößt die Plankostenrechnung in der Praxis oft auf nur geringe Akzeptanz.

Das hängt sicher auch damit zusammen, dass die Ermittlung von Planpreisen und Planverbrauchswerten sehr aufwendig sein kann. Schließlich muss durch Verbrauchsstudien und Analysen der Einsatz der Roh- Hilfs- und Betriebsstoffe, das Arbeitsvolumen u.a. ermittelt werden. Bei der Ermittlung der Planpreise ist die zukünftige Entwicklung der Marktpreise aufgrund der Angebots- und Nachfragesituation oft recht schwierig zu prognostizieren. Daraus ergeben sich erhebliche Einschätzungsprobleme.

Von großer Wichtigkeit ist auch hier wieder, ob bei dem Vergleich der Istkosten mit den Plankosten der Beschäftigungsgrad berücksichtigt wird. Bei der so genannten starren Plankostenrechnung ist das nicht der Fall, bei der flexiblen Plankostenrechnung wird dagegen der Beschäftigungsgrad in die Analyse mit einbezogen.

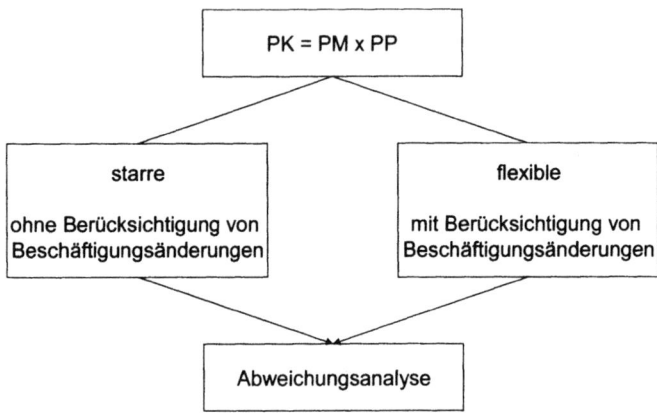

Der Kostenvergleich zwischen Plan- und Istwerten wird als Abweichungs- analyse bezeichnet. Bei der -sinnvollen- flexiblen Abweichungsanalyse sind Einflüsse der Beschäftigungsänderung ebenso zu berücksichtigen wie mengenmäßige Abweichungen und Preisabweichungen:

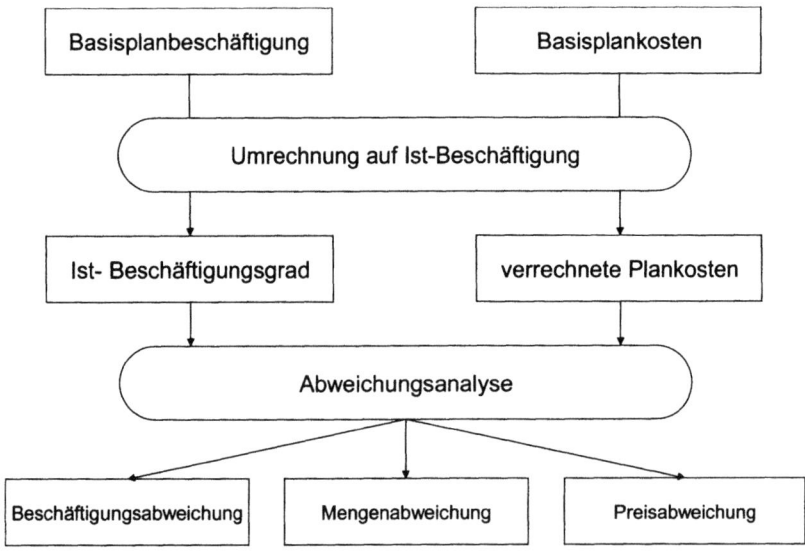

Die Abweichungen können in allen Fällen höhere oder niedrigere Kosten als geplant anzeigen.

116

Durch die Beschäftigungsabweichung können die Kosten der Kapazitätsbereitstellung, also die fixen Kosten, in höherem oder geringerem Maße als geplant ausgenutzt worden sein. Hier werden dann auch die so genannten Leerkosten berücksichtigt, also die Kosten von nicht ausgenutzten Kapazitäten.

Die Mengenabweichung misst die Abweichung des tatsächlichen Verbrauchs der Produktionsfaktoren. Sie ist der wichtigste Teil der Abweichungsanalyse, denn der Mehr- oder Wenigerverbrauch an Roh- Hilfs- und Betriebsstoffen und Arbeitszeit zeigen Korrekturbedarf bei der Ermittlung der Basisplankosten an.

Die Preisabweichung zeigt den Unterschied an zwischen den Preisen, die bei der Planung zu Grunde gelegt worden sind, und den Preisen, die tatsächlich gezahlt wurden. Die Abweichungen können durch Fehlprognosen begründet sein, aber auch durch überraschende Preisänderungen.

Die Zusammenfassung aller ermittelten Abweichungen, der positiven wie negativen, stellt die Gesamtabweichung dar. Nur Mengen- und Preisabweichungen werden zusammenfassend als Verbrauchsabweichung bezeichnet.

*6.4 Kennzahlen*

Als Kennzahl bezeichnet man eine Verhältniszahl, die als Maßstab für die Beurteilung bestimmter Tatbestände genutzt wird. Die Betriebswirtschaftslehre kennt zahlreiche Kennzahlen, die insbesondere dem Vergleich dienen. Meistens werden Kennzahlen genutzt bei der Analyse von Jahresabschlüssen, also um Externen eine Einschätzung über die Lage des Unternehmens zu ermöglichen. Eine Kennzahl ist in aller Regel für sich allein betrachtet nur wenig aussagefähig, erst im chronologischen Vergleich von aufeinander folgenden Abschlüssen eines Unternehmens oder im Vergleich mit anderen Unternehmen der gleichen Branche ermöglichen sie eine sinnvolle Interpretation.

Für die Auswertung der Kostenrechnung werden die meisten Kennzahlen dieser Jahresabschlussanalyse nicht benötigt, einige können aber wertvolle Informationen liefern. Eine Auswahl der möglichen Kennzahlen wird hier aufgelistet. "Ziel" beschreibt die unter betriebswirtschaftlichen Aspekten anzustrebende Größe.

| Bezeichnung | Formel zur Ermittlung | Ziel |
|---|---|---|
| Materialaufwandsquote | $\dfrac{\text{Materialaufwand}}{\text{Umsatzerlöse}}$ | möglichst niedrig |
| Personalaufwandsquote | $\dfrac{\text{Personalaufwand}}{\text{Umsatzerlöse}}$ | möglichst niedrig |
| Abschreibungsaufwandsquote | $\dfrac{\text{Abschreibungen auf das SAV}}{\text{Umsatzerlöse}}$ | branchenspezifisch |
| Energieaufwandsquote | $\dfrac{\text{Energieaufwand}}{\text{Umsatzerlöse}}$ | möglichst niedrig |
| Arbeitsproduktivität | $\dfrac{\text{Umsatzerlöse}}{\text{Anzahl der Beschäftigten}}$ | möglichst hoch |
| Rentabilität des Eigenkapitals | $\dfrac{\text{Jahresüberschuss}}{\text{Eigenkapital}}$ | möglichst hoch, mindestens einem Referenzzinssatz entsprechend |
| Rentabilität des Gesamtkapitals | $\dfrac{\text{Jahresüberschuss}}{\text{Gesamtkapital}}$ | möglichst hoch, mindestens einem Referenzzinssatz entsprechend |
| Betriebsrentabilität | $\dfrac{\text{Betriebsergebnis}}{\text{betriebsnotwendiges Kapital}}$ | möglichst hoch |

## 6.5 Controlling

Das Controlling ist traditionell kein Bestandteil der Kostenrechnung, trotzdem wird es hier kurz allgemein skizziert, um die Verbindung und den Unterschied zur Kostenrechnung zu zeigen.

Die Kostenrechnung als Informations- und Leitungsinstrument liefert entscheidungsrelevante Daten zur Planung, Organisation und Kontrolle. In vielen Fällen macht es aber Sinn, für die Entscheidungsträger eine Aufbereitung, Verdichtung und Selektion vorzunehmen, die zusätzliche Erkenntnisse aus anderen Unternehmensbereichen und auch externe Einflüsse berücksichtigt. "Controlling" entspricht nur scheinbar "Kontrolle", tatsächlich meint der englische Ausdruck "to control" aber "regeln, steuern, führen". Controlling ist ein eigenständiger Tätigkeitsbereich, um eine systematische Planung und Kontrolle des Leistungsprozesses sicherzustellen. Es ist eine Beratungsinstanz mit Servicefunktion als funktionaler Bestandteil bei der Lösung der Führungsaufgabe.

Einen wesentlichen Teil der benötigten Informationen erhält das Controlling aus der Kosten- und Leistungsrechnung, das wiederum die Anforderungen an die Kostenrechnung formuliert und sie damit zu einem vielseitigen Instrument der Datenbeschaffung macht.

Die Skizze erläutert das Prinzip des Berichtswesens. Der Prozess ist grundsätzlich immer gleich, lediglich die Organisation differiert entsprechend den konkreten Anforderungen. Im Extremfall könnte er komplett bei einer Person konzentriert sein.

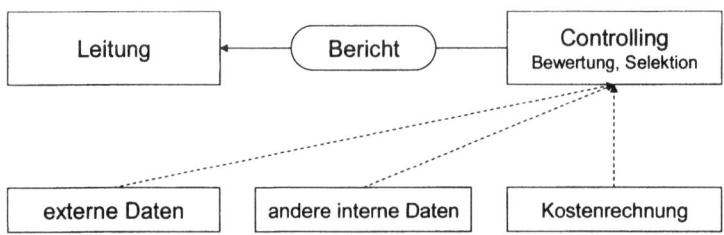

Wenn die Leitung auf verschiedene Hierarchieebenen verteilt ist, stellt Controlling eine funktionsübergreifende Querschnittsaufgabe dar. Zentrale Aufgabe ist dann ist dann die Koordination der verschiedenen betrieblichen Funktionen hin auf die übergeordneten Unternehmensziele. Aktiv werden Planung und Steuerung zur Zielerreichung begleitet.

119

Zu den Aufgaben des Controlling gehören
- Planungsunterstützung
- Informationsversorgung
- Analyse
- Beratung

auf der Basis einer effizienten Controlling-Organisation.

Die Organisation des Controlling wird sich an der Branche, dem betrachteten Objekt und an den betrieblichen Funktionen orientieren. Seine inhaltliche Ausgestaltung richtet sich nach den jeweiligen konkreten Anforderungen. Zahlreiche Formen eines Speziellen Controlling sind entwickelt:

- Controlling in Forschung und Entwicklung
- Controlling in der Logistik
- Produktionscontrolling
- Controlling der Warenwirtschaft
- Personalcontrolling
- Finanzcontrolling
- Investitionscontrolling
- Industriecontrolling
- Versicherungscontrolling
- Bankencontrolling
- Controlling in Kommunalverwaltungen
- Controlling in öffentlichen Unternehmungen
- usw.

## 6.6 Kostenmanagement

Da der soziale Bereich wie der gesamte nicht gewinnorientierte Sektor der Gesellschaft erst seit relativ kurzer Zeit, nämlich unter den Druck leerer Kassen insbesondere öffentlicher Geldgeber, einen Kostendruck kennt, der dann aber unvorbereitet massiv ausgefallen ist, besteht nur in wenigen Bereichen eine Tradition des Kostenmanagements. Das viel zu lange Festhalten an einem kameralistischen System[63] des Rechnungswesens, das eine stringente Kostenrechnung und damit eine effiziente Kostenüberwachung nur schwer möglich macht, hat auch vielfach zu einer geringen Sensibilität der Verantwortlichen gegenüber der Kostenentwicklung geführt.

Auch Einrichtungen, die sich bisher nur geringem Wettbewerb ausgesetzt sahen, müssen erleben, dass Auftraggeber wie etwa die Arbeitsverwaltung einen Preisdruck ausüben, der in dieser Form unerwartet ist und zu neuen Überlegun-

---

[63] Rechnungslegung auf Basis von Einnahmen und Ausgaben

gen führen muss. Stärkere Produktdifferenzierung[64] und kurzfristig notwendige Veränderungen -z.B. als Reaktion auf einen dynamischen Arbeitsmarkt- rücken die Erfolgserwartungen stark in den Vordergrund der betriebswirtschaftlichen Überlegungen.

Entsprechend sorgfältig und intensiv muss das Kostenmanagement, das ausdrücklich nicht allein eine Kostensenkung anstrebt, angegangen werden. Die ständigen aktuellen Herausforderungen führen zu Lösungserwartungen, die herkömmliche Systeme nicht erfüllen können. Alte und neue Fragestellungen und Entscheidungssituationen erfordern -unterstützt auch durch leistungsfähige Datenverarbeitungen und Kommunikationsmöglichkeiten- neue Ansätze zur Beherrschung der Kosten.

Die Erfordernis zur Schaffung von mehr Kostentransparenz und die Notwendigkeit zu einer stärkeren Beeinflussung der Kostenstruktur im Rahmen eines permanenten Kostenmanagements haben zu einer Weiterentwicklung der traditionellen Kostenrechnungsverfahren und zur Entwicklung neuer Ansätze geführt. Zwei wesentliche Verfahren sollen in ihren Grundzügen vorgestellt werden, wobei eine Beziehung zum Controlling[65] nicht nur festzustellen, sondern ausdrücklich beabsichtigt ist.

## 6.6.1 Zielkostenrechnung

Die Zielkostenrechnung (engl. Target Costing) zielt auf eine möglichst direkte Steuerung unter ergebnisorientierten und vor allem marktorientierten Gesichtspunkten mit Hilfe konkreter Steuerungsinstrumente ab. Im Grunde wird die bisherige Betrachtung "Welche Kosten entstehen, wie teuer ist deshalb ein Produkt?" umgekehrt in die Betrachtungsweise "Wie teuer darf ein Produkt sein?". Die Antwort auf diese Frage wird aber von den Nachfragern gegeben, die den Erfolg bzw. die Akzeptanz bestimmen.

Das setzt voraus, dass bereits zu Beginn der Produktentwicklungsphase bindende Kostenvorgaben existieren, die lenkenden Einfluss auf den Entwicklungsprozess haben. Voraussetzung für eine erfolgreiche Zielkostenrechnung ist damit eine zielgerichtete Marktforschung. Das Produkt wird dann nach den ermittelten Zielkostenvorgaben entwickelt. Die retrograde Kalkulation muss die hier cost plus-Rechnung genannte (Kosten + Gewinn = Preis) klassische Kalkulation ersetzen.

---

[64] Veränderung bereits eingeführter Produkte
[65] Teilbereich der Unternehmensführung, der geeignete und aufbereitete Informationen - besonders aus dem Rechnungswesen - zur Steuerung des Unternehmens bereitstellt.

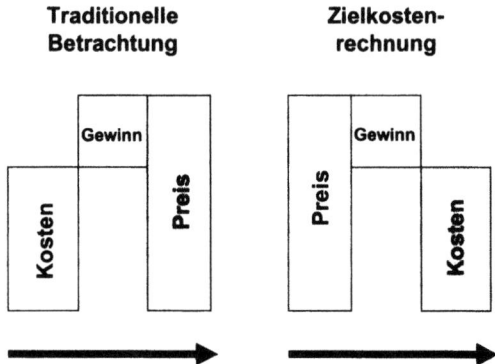

Schafft es ein Anbieter frühzeitig, Instrumente zu entwickeln, um die Marktanforderungen in den Produktentwicklungsprozess mit einzubeziehen, bestehen große Kostenreduktionspotentiale, die nicht ungedingt mit einer Qualitätsreduktion einhergehen müssen. Die Praxis zeigt, dass es gelingen kann, bei steigender Qualität die Kosten dauerhaft zu senken.

*Beispiel:*
In einer Jugendeinrichtung wird eine einwöchige Segelfreizeit am niederländischen Ijsselmeer geplant. Die Marktanalyse, die aus einer Befragung und der Einschätzung aufgrund früherer Erfahrungen besteht, hat ergeben, dass ein Preis von maximal 300 € in der Zielgruppe akzeptiert wird. Die Leitung des Jugendzentrums wird danach

- die Partner für die Durchführung so auswählen
- die eingeschlossenen Leistungen so reduzieren
- die Vorbereitung so straffen

dass die Summe der festgestellten Kosten 300 € nicht überschreitet.
Bestimmend für die Zusammenstellung dieses Produktes sind also in diesem Falle nicht die pädagogischen Erfordernisse, sondern die Marktakzeptanz.

Das Prinzip der Zielkostenrechnung lässt sich vereinfacht schematisch darstellen:

Um ein Scheitern zu vermeiden, muss unbedingt der entsprechende Rahmen für eine hinreichende Entfaltung des Konzepts geschaffen werden. Die Frage, mit welcher Genauigkeit und Zuverlässigkeit der strategische Marktpreis, insbesondere bei innovativen Produkten, im Voraus ermittelt werden kann, ist noch nicht hinreichend beantwortet.

Trotzdem wird die Zielkostenrechnung vom Prinzip her vielfach angewandt, gerade bei Produkten, deren Preis extern - von einem Markt, wie in der klassischen Betriebswirtschaftlehre angenommen, oder von einem Auftraggeber oder einem Kostenträger wie z.B. im öffentlichen oder sozialen Bereich.

*Beispiel:*
Die Arbeitsverwaltung beauftragt einen Bildungsträger mit der Durchführung einer Wiedereingliederungsmaßnahme. Für 20 Teilnehmer stehen 36.000 € zur Verfügung.
Der Bildungsträger wird sein Kostensenkungspotenzial prüfen und ermitteln, ob die Kosten für die Durchführung der Maßnahme auf 36.000 € (wenn kein Gewinn angestrebt wird) oder weniger reduziert werden können.

## 6.6.2 Prozesskostenrechnung

Wie bei der Zielkostenrechnung wird auch bei der Prozesskostenrechnung[66] angestrebt, insbesondere die indirekten Kosten aktiv zu beeinflussen und im Sinne eines umfassenden Kostenmanagements zu gestalten.

Anlass für diese Art der Kostenbeeinflussung war die Beobachtung, dass die Gemeinkosten in vielen Bereichen einen immer größeren Anteil ausmachen und dass dadurch ihre Verteilung nach den klassischen Kalkulationsverfahren nicht mehr sachgerecht erscheint. Beispiele im Unternehmensbereich sind die stärkere Kundenorientierung mit Kundenbetreuung und Öffentlichkeitsarbeit und die höhere Produktvielfalt mit kürzeren Produktlebenszyklen und mehr Produktvarianten, die mehr Forschung und Entwicklung und auch mehr Werbung und Beratung erfordern.

Die Prozesskostenrechnung soll
- die Kostentransparenz insbesondere bei den indirekten Kosten erhöhen
- den Ressourcenverbrauch effizienter gestalten
- die Kapazitätsauslastung darstellen
- die Produktkalkulation verbessern

und dadurch strategische Entscheidung verbessern.

Mit diesem Ziel werden durch Analyse des Betriebsablaufes die Aktivitäten in Teilprozesse zerlegt und dadurch Leistungsbereiche neu gebildet. Den so entstandenen Bezugsgrößen werden die Kosten möglichst verursachungsgerecht zugeordnet. Dies ermöglicht eine stellenbezogene und leistungsabhängige Kostenplanung und schließlich auch Kostenkontrolle. Möglicherweise ist zu diesem Zweck eine Überprüfung und Veränderung der Kostenarten und -stellen notwendig.

*Beispiel:*
Um die Kapazitäten der hauseigenen Küche in einer Seniorenresidenz besser ausnutzen zu können, überlegen die Leiterin und die Küchenchefin, einen Partyservice aufzubauen, der Kunden außerhalb des Hauses beliefern soll. In der Vorbereitungsphase analysieren sie den notwendigen Prozess beim Aufbau des neuen Angebotes. Sie ermitteln u.a. die Teilbereiche
- Investitionen in Geschirr und Bestecke
- Werbemaßnahmen
- Materiallager
- Verwaltung

---

[66] Dieser noch neue Ansatz wird unter verschiedenen Bezeichnungen diskutiert: Prozessorientierte Kostenrechnung, Vorgangskostenrechnung, Aktivitätsorientierte Kostenrechnung, Activity Accounting, Transaction Costing, Activity based Costing, Cost Driver Accounting

In diesen Teilbereichen lassen sich noch weiter Detailaktivitäten isolieren, beispielsweise bei den Werbemaßnahmen

- Entwicklung von Werbemitteln
- Druck von Flyern für eine Hauswurfsendung
- Personalkosten bei der Verteilung
- Information der örtlichen Presse
- usw.,

bei der Verwaltung

- Personalverwaltung
- Lieferantenbuchhaltung
- Kundenbuchhaltung
- usw.

Die Herausforderung für die Leitung des neuen Partyservices besteht darin, den Teilbereichen und darüber hinaus den Detailaktivitäten die genau damit verbundenen Kosten zuzuordnen. Dadurch wird besser als bei anderen Methoden erkennbar, wo genau Kostentreiber das neue Angebot verteuern.

Das Grundprinzip soll die folgende Skizze zeigen:

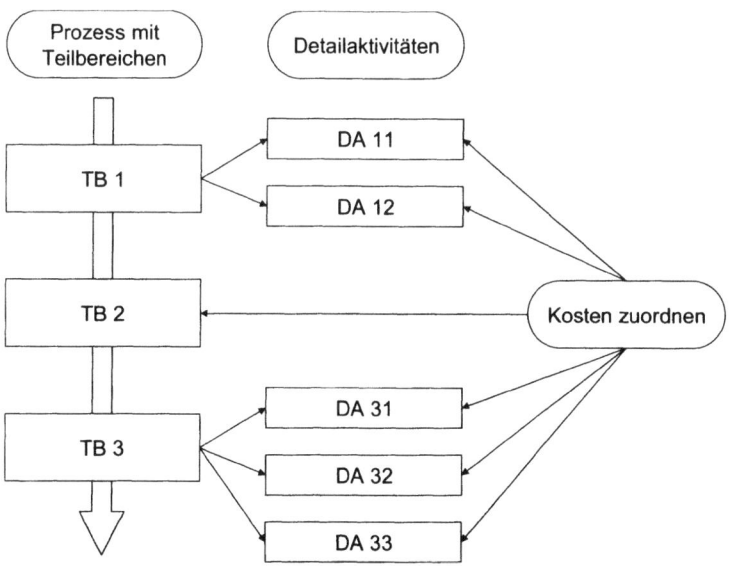

Erkennbar ist, dass die Organisation bzw. die Erfassung der Kosten die eindeutige Zuordnung ermöglichen muss. Wieder wird das bei Einzelkosten in der Regel keine Probleme aufwerfen, während für Kostenarten, die aufgeteilt werden müssen, die bekannte Zuordnungsproblematik auftritt. Insbesondere wird zu prüfen sein, ob und in welchem Ausmaß Kosten von der Leistungsmenge abhängig sind. Dann aber lassen sich die Prozesskosten verursachungsgerecht verteilen.

Die Prozesskostenrechnung ist eher die Umsetzung einer anderen Kostenbetrachtung, eine methodische Fortentwicklung als ein neuer Ansatz. Aber sie erhöht die Transparenz, weil die Kosten nun konkreten Aktivitäten zugeordnet werden können. So können Schwachstellen und Kosteneinsparpotenziale erkannt werden. Die Maßnahmen des Kostenmanagements zur Senkung und Vermeidung von Kosten können kurzfristig erfolgen, aber auch grundsätzliche Maßnahmen wie z.B. Umorganisationen oder Outsourcing nach sich ziehen.

Entscheidungshilfe liefert die Prozesskostenrechnung aber auch, weil aussagekräftige Analysen möglich sind, z.B. bei

- Preisveränderungen
- Annahme von Aufträgen
- Auslagerung von Aktivitäten
- Neueinführungen
- usw.

Ob sie im konkreten Einzelfall sinnvoll einsetzbar ist, wird davon abhängen, ob ein geeigneter Prozess vorliegt, dessen Teileelemente wirtschaftlich vertretbar identifiziert werden können.

## 6.7 Investitionsrechnung

Als Investitionen bezeichnet man den Einsatz finanzieller Mittel, die die Kapazität einer Organisationseinheit erhalten oder vergrößern sollen. Es handelt sich um die Verwendung finanzieller Mittel zum Erwerb von materiellen und immateriellen Gütern. Unterschieden werden

- Sachinvestitionen (z.B. Grundstücke, Maschinen, Vorräte)
- Finanzinvestitionen (z.B. Beteiligungen)
- immaterielle Investitionen (z.B. Forschung, Werbung, Fortbildung der Mitarbeiter)

Sie bewirken eine Ausweitung oder Verbesserung der Produktions- möglichkeiten, die als Kapazitätseffekt bezeichnet werden. In die Investitionsüberlegungen sind möglichst umfangreich begründete Prognosen zur Kosten- und Erlösentwicklung und gegebenenfalls die aktuelle Zinssituation einzubeziehen.

Der Investitionsrechnung kommt in der Praxis eine große Bedeutung zu, weil in der Regel über hohe Kapitalbeträge mit langfristiger Bindung und weitreichenden Wirkungen entschieden wird. Es handelt sich um Rechenverfahren, um bei mehreren Alternaiven diejenige aussuchen zu können, bei gegebenen unternehmerischen Zielen die beste ist.

Auch nach der Investitionsentscheidung ist zu beobachten, ob die Ein- und Auszahlungen mit den Prognosen übereinstimmen, die zu der gewählten Investitionsalternative geführt haben; bei Abweichungen müssen die Ursachen ermittelt werden und bei negativer Entwicklung mögliche Gegenmaßnahmen eingeleitet werden.

Die Investitionsrechnung zählt traditionell nicht zur Kostenrechnung, wegen ihrer engen Verbindung werden aber ihre Grundzüge hier dargestellt. Man unterscheidet bei den Verfahren zwei wesentliche Gruppen:

- Statische Verfahren lassen die Veränderungen im Verlauf der Invstitionszeit weitgehend unberücksichtigt. Sie beziehen sich folglich auf eine Periode und projizieren diese Werte auf die gesamte Investitionsdauer. Zins- und Zinseszinseffekte bleiben unberücksichtigt.
- Dynamische Verfahren beziehen sich auf die gesamte Nutzungsdauer der Investition und untersuchen gesondert jede Periode.

## 6.7.1 Statische Verfahren der Investitionsrechnung

Statische Investitionsrechnungsverfahren[67] sind aufgrund ihrer einfachen Annahmen, die sich auf eine bzw. eine repräsentative Periode beziehen, in der Praxis für kleinere Vorhaben geeignet und verbreitet. Dort können sie zu hinreichend genauen Entscheidungsempfehlungen führen, obwohl die möglichen Veränderungen während der oft langen Investitionsdauer weitgehend unberücksichtigt bleiben. Auf Auf- und Abzinsungen wird verzichtet. Drei wichtige Verfahren werden hier beschrieben.

## 6.7.1.1 Kostenvergleichsrechnung

Bei der Kostenvergleichrechnung werden mehrere alternative Investitions- möglichkeiten miteinander verglichen. Untersucht wird dabei, welche Stückkosten in Abhängigkeit von der Ausbringungsmenge entstehen. Die Skizze verdeutlicht das Verfahren für drei Alternativen:

---

[67] Diese Verfahren werden auch "Kalkulatorische Verfahren" oder "Praktikermethode der Investitionsrechnung" genannt.

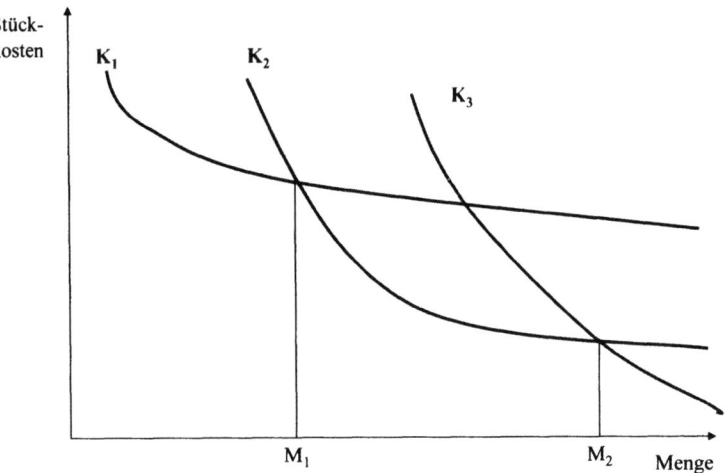

Wenn das Ziel verfolgt wird, die Stückkosten möglichst niedrig zu halten, so ergibt sich im skizzierten Beispiel, dass die Entscheidung fällt

für Alternative 1, wenn die voraussichtliche Menge kleiner $M_1$ ist,

für Alternative 2, wenn die erwartete Menge größer $M_1$ und kleiner $M_2$ ist,

für Alternative 3, wenn die Menge voraussichtlich größer als $M_2$ ist.

So überzeugend diese einfache Entscheidungssituation zunächst scheint, so schwer wiegt die Tatsache, dass die Ausbringungsmengen prognostiziert werden müssen, was in der Regel nur unbefriedigend genau möglich ist. Zudem bleiben die Entwicklung der Verkaufserlöse und die Rentabilität des eingesetzten Kapitals unberücksichtigt.

### 6.7.1.2 Gewinnvergleichsrechnung

Die Gewinnvergleichsrechnung beruht auf dem gleichen Prinzip, sie ist eine Weiterentwicklung der Kostenvergleichsrechnung. Hier werden die Gewinne von zwei oder mehr alternativen Investitionen gegenübergestellt. Ihr Vorteil ist darin zu sehen, dass die Kosten nicht isoliert betrachtet werden, sondern dass - weil der Gewinn als Differenz verstanden zwischen Erlösen und Kosten verstanden wird- die Erlöse mit berücksichtigt werden müssen. Dadurch wird sie in den meisten Fällen die Situation realitätsnäher abbilden können.

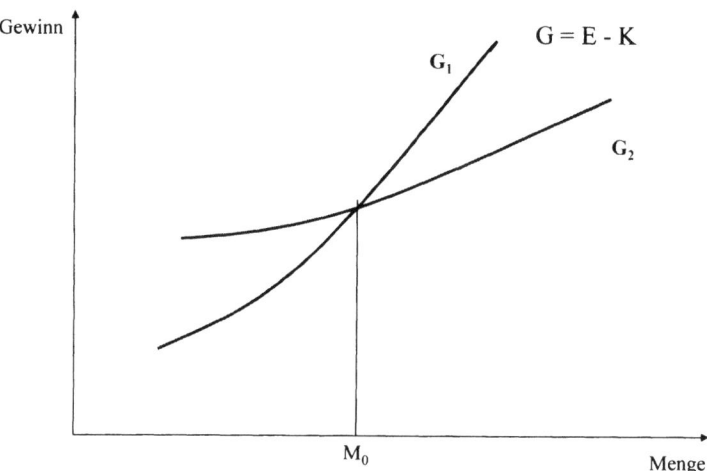

Im Beispiel wird man sich für die Alternative 1 entscheiden, wenn die erwartete Menge größer als $M_1$ ist und andernfalls für die Alternative 2. Vorausgesetzt wird, dass die Alternativen $G_1$ und $G_2$ die gleiche Nutzungsdauer haben. Die Rentabilität des eingesetzten Kapitals wird auch hier nicht berücksichtigt.

### 6.7.1.3 Amortisationsrechnung

Der Amortisationsrechnung liegt ein andres Prinzip zugrunde: Es wird ermittelt, ob eine Entscheidung für oder gegen eine ganz bestimmte Investition ausfallen muss. Sie hängt davon ab, nach wie vielen Perioden die Auszahlungen für die Investition durch die hierdurch erzielten Einzahlungen gedeckt sind und wie im Vergleich dazu die Erwartungen sind.

*Beispiel:*
Die Anschaffungskosten eines professionellen Backofens betragen 3.600 € (Auszahlungen A). Die zukünftig erwarteten Überschüsse (Ü) durch zusätzlich produzierte Speisen betragen jährlich 600 €.
Die Amortisationsdauer errechnet sich dann

$$\frac{A}{Ü} = \frac{3.600}{600} = 6\,Jahre$$

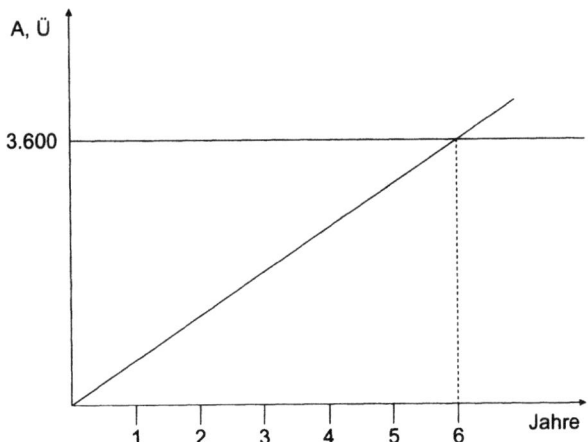

Wenn die gewünschte Amortisationsdauer kürzer als 6 Jahre ist, wird die Berechnung zur Ablehnung der Investition führen.

Auch diese Methode führt zu einem gravierenden Problem: Wird die gewünschte Amortisationsdauer niedriger angesetzt als die wirtschaftliche Nutzungsdauer beträgt, muss die Investition abgelehnt werden, obwohl sie möglicherweise wirtschaftlicher wäre als eine noch genutzte ältere Anlage. Ausgesprochen vorsichtige Entscheidungen können also Neuerungen und Modernisierungen verhindern.

6.7.2 Dynamische Verfahren der Investitionsrechnung

Auch die dynamischen Investitionsrechnungsverfahren sollen eine Aussage über die Vorteilhaftigkeit einer Investition ermöglichen. Sie nutzen finanzmathematische Methoden, um alle einer Investition zurechenbaren Einzahlungen und entsprechende Auszahlungen für die erwartete Investitionsdauer zu erfassen. Sie werden dazu auf den Planungszeitpunkt abgezinst. Sie zeigen, ob eine Investition unter den gegeben Annahmen sinnvoll ist und ermöglichen auch einen Vergleich bei mehreren Alternativen. Diejenige, die zum Planungszeitpunkt den günstigsten Wert aus den abgezinsten Ein- und Auszahlungen aufweist, ist die vorteilhafteste. Wie auch bei den statischen Verfahren bleiben die kalkulatorischen Kosten[68] und auch evtl. steuerliche Auswirkungen unberücksichtigt.
Zwei wesentliche Verfahren werden hier dargestellt.

---

[68] Vgl. Kap. 3.2.3

## 6.7.2.1 Kapitalwertmethode

Bei der Kapitalwertmethode wird eine Investition verglichen mit einer alternativen Anlageform für das Kapital, die auch in einem ganz anderen Bereich stattfinden könnte. Gesucht wird also die unter Renditegesichtspunkten beste Anlagemöglichkeit.

Dazu wird zunächst ein Kalkulationszinssatz "r" ermittelt. Er kann grundsätzlich frei festgelegt werden, etwa orientiert an den Zinssätzen, zu denen Fremdkapital geliehen werden kann, oder an den Zinssätzen, die für Anlagen mit gleichem Risiko erzielt werden können, oder als Mindestverzinsung. Mit diesem Zinssatz r werden dann die Kapitalwerte möglicher Investitionen errechnet. Ist danach der Kapitalwert[69]

- größer 0, ist die Investition vorteilhaft
- genau 0, verzinst sich die Investition genau zum Kalkulationszinssatz
- kleiner 0, ist die Investition abzulehnen.

Die Skizze verdeutlicht das Prinzip:

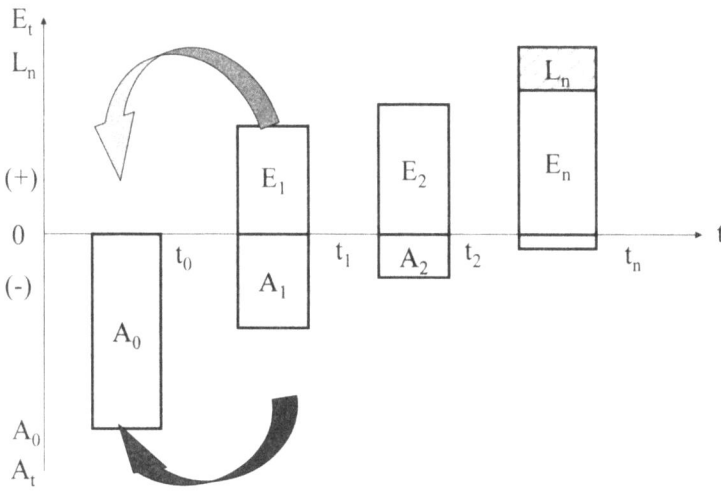

---

[69] Der Kapitalwert ist die Summe aller Barwerte. Der Barwert gibt an, was eine in der Zukunft anfallende Zahlung zum Zeitpunkt der Investition wert ist. Für die Zahlung N ergibt sich der Barwert $N_0$ durch Multiplikation von N mit dem Barwertfaktor, der Tabellen entnommen werden kann.

Alle zukünftigen Auszahlungen ($A_1$, $A_2$, $A_n$) und die Einzahlungen ($E_1$, $E_2$...$E_n$) werden mit dem Abzinsungsfaktor auf den Zeitpunkt der Investition $A_n$ bezogen. Zahlungen zu einem späteren Zeitpunkt sind schließlich weniger wert als eine gleich hohe Zahlung sofort. $A_0$ steht für die Anfangsinvestition, $L_n$ für den Liquidationserlös zum Zeitpunkt n.

*Beispiel:*
Die Nutzungsdauer einer Investition in Höhe von 10.000 soll 5 Jahre betragen, der Zinssatz beträgt 10 %.

| Zeitpunkt | $t_0$ | $t_1$ | $t_2$ | $t_3$ | $t_4$ | $t_5$ |
|---|---|---|---|---|---|---|
| Einzahlungen | - | 4.000 | 3.800 | 3.500 | 3.500 | 3.500 |
| Auszahlungen | 10.000 | 1.500 | 800 | 700 | 800 | 600 |
| Überschuss | - 10.000 | 2.500 | 3.000 | 2.800 | 2.700 | 2.900 |

$$\text{Kapitalwert} = -10.000 + \frac{2.500}{1,1^1} + \frac{3.000}{1,1^2} + \frac{2.800}{1,1^3} + \frac{2.700}{1,1^4} + \frac{2.900}{1,1^5}$$

Kapitalwert = - 10.000 + 2.273 + 2.479 + 2.104 + 1.844 + 1.801

Kapitalwert = 501

Dieser Kapitalwert wird mit alternativen Investitionen verglichen. Die Entscheidung fällt für die Investition mit dem höchsten Kapitalwert, der allerdings positiv sein muss.

Ökonomisch ist der Kapitalwert ein Vermögenszuwachs, berechnet auf den Investitionszeitpunkt. Ist der Kapitalwert rechnerisch zum Zeitpunkt $t_0$ > 0, ist die Investition unter den vorgegebenen Bedingungen sinnvoll. Würde man dagegen im Beispiel den Kalkulationszinssatz auf 12 % festsetzen, ergäbe sich bei sonst gleichen Annahmen ein negativer Kapitalwert, die Investition wäre abzulehnen.

6.7.2.2  Annuitätenmethode

Die Annuitätenmethode stellt eine Abwandlung der Kapitalwertmethode dar. Sie fragt danach, wie hoch der durchschnittliche Überschuss der Einzahlungen über die Auszahlungen je Periode ist. Diese Berechnung beantwortet also die praktische Frage, wie hoch die durch diese Investition verursachten Gewinne je Periode voraussichtlich sein werden.

Ausgangspunkt ist wieder der Kapitalwert. Der wird nun aufgezinst und auf die Nutzungsdauer in gleiche Jahreswerte (Annuitäten) umgerechnet. Für diese Operation wird der "Kapitalwiedergewinnungsfaktor" ermittelt, der in der Praxis einschlägigen Tabellen entnommen werden kann. Die Formel für die Berechnung der Annuität lautet

$$\text{Annuität} = \text{Kapitalwert} \times \frac{\text{Kalkulationszinsfuß} \, (1 + \text{Kalkulationszinsfuß})^{\text{Perioden}}}{(1 - \text{Kalkulationszinsfuß})^{\text{Periode}} - 1}$$

oder

$$A_n = K_0 \frac{r \, (1 - r)^n}{(1 + r)^n - 1}$$

Eine Investition ist vorteilhaft, wenn die Annuität $A_n$ großer 0 ist. Wird die Annuitätenmethode benutzt, um alternative Investitionen zu vergleichen, so ist diejenige mit der höchsten Annuität zu wählen.

Wie bei der Kapitalwertmethode ist der -geschätzte und damit unsichere- Zins der kritische Punkt bei diesem Verfahren. Die Annuitäetenmethode bietet dann einen Vorteil, wenn relativ konstante Überschüsse je Periode erwartet werden, bei schwankenden Ein- und Auszahlungen wird die Kapitalwertmethode zu bevorzugen sein. Die Kapitalwert- und die Annuitätenmethode führen zu den gleichen Enzscheidungen, wenn die angenommene Investitionsdauer identisch ist und die Existenz eines einheitlichen Zinses akzeptiert wird.

# 7 Grenzen der Kostenrechnung

Kostenrechnung ist hier als Informations- und Steuerungsinstrument entwickelt worden, nicht als Instrument zur Kostensenkung, um allein auf diesem Wege einen - wie auch immer definierten - Erfolg maximieren zu können. Der Glaube, Kostensenkung sei der Schlüssel zu Erreichung eines positiv einzuschätzenden Resultates, verengt unzulässig die Perspektive und wird in die Irre führen.

## 7.1 *Kostenrechnung in privatwirtschaftlich orientierten Sozialeinrichtungen*

Die Aussicht, sich allein an kostenrechnerischen Überlegungen oder gar an speziellen Methoden zu orientieren, um auf diese Weise einen finanziellen Erfolg vorweisen zu können, erscheint vordergründig notwendig und manchmal vielleicht unwiderstehlich, bedarf aber in jedem Einzelfall einer kritischen Überprüfung. Bei aller Berücksichtigung betriebswirtschaftlicher Aspekte muss doch erwartet werden, dass die jeweilige Kernaufgabe im Vordergrund steht.

Einige wenige Hinweise sollen verdeutlichen, dass zwischen den Hauptzielen bei Organisationen mit sozialem Engagement und dem unreflektierten Einsatz der Kostenrechnung oft Zielkonflikte entstehen, die nicht mit betriebswirtschaftlichen Methoden gelöst werden können, sondern konsequente sozialpolitische Entscheidungen verlangen.

*Beispiele:*
- In einer Großstadt wird ein städtisches Kinderheim in der Rechtsform einer GmbH betrieben. Die Kosten für das Gebäude und die Personalkosten sind fix und kurzfristig unveränderbar, für jedes Kind fallen variable Kosten an für Kleidung, Verpflegung, Reinigung usw. Dann werden die Kosten je Kind umso niedriger sein, je mehr Kinder untergebracht sind. Aus kostenrechnerischer Sicht wäre es also sinnvoll, möglichst viele Kinder in dem Heim unterzubringen. Das kann aber ernsthaft nicht angestrebt werden; die betriebswirtschaftliche Folgerung konkurriert mit dem Anspruch, möglichst vielen Kindern ein familiäres Zuhause zu ermöglichen.
- Ähnlich lässt sich bei einer Justizvollzugsanstalt argumentieren: Gebäude und Personal stellen Fixkosten dar, der Kosten der Inhaftierung pro Person sind dann offenbar umso geringer, je höher die Belegung ist. Überlegungen zur Sinnhaftigkeit des Wegsperrens, zu Resozialisierungsangeboten, zu einer angemessenen Unterbringung usw. stellen aber das Ergebnis der Kostenrechnung in Frage.
- Ein Jugendzentrum eines Vereins wird durch einen geringen Eigenanteil und überwiegend durch öffentliche Zuschüsse finanziert. Wird Kostende-

ckung angestrebt, muss der Break-even-Point erreicht werden. Solange die Zuschüsse konstant bleiben, besteht offenbar kein Anlass, die Kosten zu senken. Das widerspricht aber der Aufgabe, öffentliche Mittel wirtschaftlich und effizient einzusetzen.

▪ Bei einem Freibad ist der sinnvolle Einsatz der Kostenrechnung praktisch nur eingeschränkt möglich, weil zwar die -fast ausschließlich fixen- Kosten prognostiziert werden können, nicht aber die ganz wesentlich von der unbeeinflussbaren Wetterentwicklung abhängigen Einnahmen.

## 7.2 Kostenrechnung im öffentlichen Bereich

Das viel kritisierte und zumindest in Teilbereichen auch unökonomische Ausgabeverhalten im öffentlichen Bereich führten zu Forderungen nach einer effizienteren Verwaltung mit einem wirksamen Informationssystem, das sowohl eine Steuerungs- als auch eine Kontrollfunktion wahrnehmen kann. Dazu kann die Kosten- und Leistungsrechnung einen Beitrag leisten. Bereits seit 1997 bestimmt das Haushaltsgrundsätzegesetz,[70] dass in geeigneten Bereichen eine Kosten- und Leistungsrechnung eingeführt werden soll[71], allerdings ist nicht definiert, was darunter verstanden werden soll. Da sich diese Sollvorschrift auch auf die Kameralistik bezieht, kann sie eigentlich nur als ein zusätzliches Informationsinstrument gemeint sein, das Erkenntnisse über die Wirtschaftlichkeit von einzelnen Maßnahmen zur Verfügung stellt.

Durch die Orientierung der öffentlichen Haushalte an so genannten Neuen Steuerungsmodellen[72], die für die öffentlichen Haushalte eine Orientierung an der Doppelten Buchführung vorsehen, ergeben sich auch neue Möglichkeiten, eine effiziente Kosten- und Leistungsrechnung durchzuführen. Ihre Einführung in öffentlichen Institutionen ist aber zwangsweise mit einer Reihe von Problemen belastet:[73]

▪ Personalkosten können oft nur mit großen Schwierigkeiten ermittelt werden, weil die Pensions- und Versorgungsrückstellungen wegen fehlender Daten den einzelnen Kostenstellen nicht zugeordnet werden können.

---

[70] Gesetz über die Grundsätze des Haushaltsrechts des Bundes und der Länder i.d.F.v. 22.12.1997, BGBl. I 1997, S. 3251, Vgl. z.B. www.lrh-mv.de/Informationen/Gesetze/HGrG.htm#§%206
[71] Vgl. HGrG § 6, Abs..3
[72] Vgl. Mix, U. und Herweijer, M., 10 Jahre Tilburger Modell - Erfahrungen einer öffentlichen Verwaltung auf dem Weg zum Dienstleistungscenter, Bremen 1996 und KGSt (Hrsg.), Auf dem Weg in das Ressourcenverbrauchskonzept: Die kommunale Bilanz, Köln, Bericht Nr. 7/1997
[73] Vgl. Beck, R., Die Einführung einer Kosten- und Leistungsrechnung in öffentlichen Organisationen, in: BBK Nr. 1 2001, S. 1349 ff.

- Zur Ermittlung der kalkulatorischen Abschreibungen fehlen die erforderlichen historischen Daten. Deshalb muss mit den steuerlichen AfA-Sätzen[74] gerechnet werden.

*Beispiel:*
Für eine Straßenbrücke in städtischem Eigentum ist eine Nutzungsdauer nur willkürlich festzulegen.

- Geringwertige Wirtschaftsgüter[75] werden in Jahr der Anschaffung voll abgeschrieben.
- Der Wert der Anlagegüter ist weitgehend unbekannt.

*Beispiel:*
Eine Stadtverwaltung hat Vermögensgegenstände zu bewerten, deren Wert praktisch nicht festgelegt werden kann: Signalanlagen, Verkehrsschilder, Elefanten im Zoo, Brunnen, Kunst am Bau usw.

- Die Definition von "Produkten" ist schwierig.
- Indikatoren für die Qualität der Produkte sind nicht vorhanden.
- Aufgrund fehlender Kenntnis der Kostenarten besteht die Gefahr einer Doppelerfassung.

*Beispiel:*
Zu den Personalkosten können durch mangelnde Abstimmung auch Reisekosten, Kosten der Kantinenverpflegung, u.ä. gerechnet werden.

- Fehlende Fachkenntnisse behindern die Akzeptanz.
- Umfangreiche Schulungen sind unausweichlich.

Nicht alle diese Schwierigkeiten werden in jedem Falle auftreten, andererseits ist anzunehmen, dass im konkreten Einzelfall weitere, hier noch nicht benannte Probleme auftreten.

---

[74] Vgl. z.B. AfA-Tabelle für allgemein verwendbare Güter, Bundessteuerblatt, 50. Jg., Nr. 21, S. 1531 ff., aktualisiert am 28. April 2003
[75] Wirtschaftsgüter bis zu einem Wert von 410 € (netto) dürfen im Steuerrecht (EStG) im Jahr der Anschaffung voll abgeschrieben werden.

## 7.3 Schätzungen und Prognosen

An zahlreichen Stellen ist bisher darauf hingewiesen worden, dass möglicherweise exakte Daten nicht vorliegen und deshalb hilfsweise Annahmen getroffen werden müssen. Das ist unangenehm und steht eigentlich dem Anspruch der Kostenrechnung entgegen.

Allerdings ist dabei zu berücksichtigen, dass
- vielfach die Annahmen und Schätzungen auf umfangreichen Erfahrungen beruhen mit dem Ergebnis, dass die geschätzten Werte durchaus nahe bei den tatsächlichen liegen. Voraussetzung ist eine sorgfältige Beobachtung und fachliche korrekte Bewertung.
- auch dann richtige Schlüsse über Entwicklungen und Veränderungen gezogen werden können, wenn die Basisdaten immer nach den gleichen -wenn auch vielleicht unbefriedigenden- Methoden gewonnen worden sind. Die Fehler werden dann zwar fortgeschrieben, aber die Tendenzen bleiben trotzdem richtig.
- es nicht richtig sein kann, auf die Anwendung eines wichtigen Steuerungs- und Informationsinstrumentes zu verzichten, nur weil die gewünschte und angestrebte Präzision nicht erreicht werden kann.

# 8 Übungsaufgaben

## 8.1 Kostenarten

In einem Kindergarten (2 Gruppen, 25 Kinder) möchte eine der Erzieherinnen mit ihrer Gruppe (21 Kinder) einen Ausflug in den Zoo machen. Zur Unterstützung möchte sie eine der ehrenamtlichen Helferinnen mitnehmen. Die anfallenden Kosten müssten von den Eltern zusätzlich übernommen werden.
a) Nennen Sie vier Kostenarten, die bei einer Vollkostenrechnung zu berücksichtigen sind.
b) Die Erzieherin versucht, die Kosten für den Zoobesuch möglichst "niedrig zu rechnen", um die Belastung der Eltern gering zu halten. Welche Kosten müssen aber mindestens von den Eltern übernommen werden, wenn bei einer Teilkostenrechnung kein Verlust entstehen soll?
Begründen Sie jeweils kurz Ihre Entscheidung.
c) Würde der Kostenbeitrag der Eltern für den Zoobesuch niedriger sein können, wenn beide Kindergartengruppen gemeinsam den Zoo besuchen? Begründen Sie Ihre Überlegungen.

## 8.2 Kostendegression

Erläutern Sie den Begriff und die Auswirkungen des Degressionseffektes der fixen Kosten.

## 8.3 Personalkosten

Die Personalkosten in einem Seniorenheim wurden bisher ermittelt, indem die Gehälter der Angestellten addiert wurden. Bei der Revision wird beanstandet, dass dieses Verfahren zu unvertretbar geringen Kosten führe. Welche Bestandteile der Personalkosten sollten Sie zusätzlich berücksichtigen? (Nur Nennung, die Angabe von Zahlenwerten ist nicht erforderlich.)

## 8.4 Bewertungsmethoden

Eine Lagerkartei weist für Material im Monat April folgende Zahlen aus:

| | | | |
|---|---|---|---|
| Anfangsbestand | 200 Stück | zu je | 30 € |
| Zugang 12.4. | 400 Stück | zu je | 35 € |
| Zugang 19.4. | 100 Stück | zu je | 40 € |
| Zugang 24.4. | 200 Stück | zu je | 30 € |
| Zugang 28.4. | 100 Stück | zu je | 32 € |

Der Endbestand beläuft sich auf 200 Stück.
Wie ist der Verbrauch zu bewerten bei Anwendung der/des

a) durchschnittlichen Anschaffungskosten
b) Fifo-Verfahrens
c) Lifo-Verfahrens
d) Hifo-Verfahrens
e) Lofo-Verfahrens
f) Festpreisverfahrens (Verrechnungspreis 35 € je Stück)?

## 8.5 Kalkulatorische Zinsen

Berechnen Sie die kalkulatorischen Zinsen anhand folgender Daten für eine Seniorenresidenz:

| | |
|---|---|
| Betriebsnotwendige Gebäude | 4.000.000 € |
| Betriebsnotwendige Vorräte zu Durchschnittswerten | 200.000 € |
| Mietvorauszahlungen | 60.000 € |
| Rückstellungen für demnächst anstehende Reparaturen | 20.000 € |
| Verbindlichkeiten gegenüber der N-Bank | 30.000 € |
| Verbindlichkeiten aus Lieferungen von Lebensmitteln | 10.000 € |

Am Kapitalmarkt gelten folgende Konditionen:

| | |
|---|---|
| Tagesgeld | 3,1 - 3,2 % |
| Private Dispositionskredite | 10,4 % |
| Umlaufrendite von Bundesanleihen | 3,6 % |
| Spareinlagen | 1,5 % |
| Hypothekarkredit | 6,1 % |

a) Wählen Sie einen Zinssatz, der sich für die Ermittlung der kalkulatorischen Zinsen eignet.
b) Ermitteln Sie so die Höhe der kalkulatorischen Zinsen.

## 8.6 Kostenverteilung

Für einen privaten Kindergarten (e.V.) im Kölner Süden liegen folgende Informationen vor:

| Personal | 2 Erzieherinnen |
|---|---|
| | 1 Zivi |
| | 2 Ehrenamtliche |

| Kinder | insgesamt 45 |
|---|---|
| | in 2 Gruppen |

| Räume gemietet | 2 Gruppenräume | je 60 m$^2$ |
|---|---|---|
| | 1 Verwaltungsraum | 25 m$^2$ |
| | Verkehrsfläche | 35 m$^2$ |
| | Sanitärräume | 40 m$^2$ |

a) Die gesamten Reinigungskosten für diesen Kindergarten belaufen sich z.Zt. auf 600 € pro Monat.
Nennen Sie drei sinnvolle Verfahren, die Reinigungskosten eines Gruppen- raumes zu ermitteln. Eine genaue Rechnung ist nicht erforderlich.

b) Um zu einer Kostensenkung beizutragen, bietet der Zivi an, außerhalb der vereinbarten Arbeitszeit den Kindergarten zu reinigen. Er würde dafür 500 € pro Monat verlangen. Allerdings müssten Reinigungsgeräte angeschafft werden, deren Anschaffungskosten sich auf 360 € summieren und die jeweils nach 3 Jahren komplett erneuert werden müssten. Für Verbrauchsmaterial rechnet der Zivi mit 30 € pro Monat, die ebenfalls vom Kindergarten übernommen werden müssten.
Soll die Kindergartenleiterin dieses Angebot annehmen? Erläutern Sie Ihre Entscheidung mit Hilfe einer nachvollziehbaren Rechnung.

*8.7 Betriebsabrechnungsbogen*

In einem privaten Seniorenheim werden die Gemeinkosten mit Hilfe eines einfachen Betriebsabrechnungsbogens auf vier Kostenstellen verteilt:

|  |  | Material | Station I | Station II | Verwaltung |
|---|---|---|---|---|---|
| Gehälter | 3.000 |  |  |  |  |
| Sozialabgaben | 600 |  |  |  |  |
| kalk. Abschreibungen | 10.000 |  |  |  |  |
| Stromkosten | 2.400 |  |  |  |  |

Dabei gilt:
a) Die Gehälter fallen im Verhältnis 1 : 15 : 10 : 4 an.
b) Die Sozialabgeben werden im gleichen Verhältnis verteilt.
c) Von den Abschreibungen entfallen 10% auf die Verwaltung, der Rest gleichmäßig auf die beiden Stationen.
d) Die Stromkosten werden nach tatsächlichem Verbrauch verteilt:

| Material | 100 Kilowattstunden |
|---|---|
| Station I | 400 Kilowattstunden |
| Station II | 500 Kilowattstunden |
| Verwaltung | 200 Kilowattstunden |

e) Die Materialkosten enthalten 120 für Station I, sie sind ansonsten der Verwaltung zuzurechnen.

f) Die Verwaltungskosten sollen im Verhältnis 3 : 2 auf die Stationen I und II aufgeteilt werden.

Erstellen Sie einen Betriebsabrechnungsbogen und ermitteln die Zuschlagsätze. Die Einzelkosten betragen

Station I    33.872

Station II   26.900

## 8.8 Break-even-Analyse

Auf dem Sommerfest des Kindergartens möchte ein Vater Rostbratwürstchen verkaufen, um so zur Finanzierung einer neuen Schaukel beitragen zu können. Er recherchiert, dass er die Würstchen in Großpackungen mit 42 Stück zum Preis von 29,40 € kaufen kann. Auf dem Fest möchte er sie für 1,80 € / Stück verkaufen. Für die Miete des professionellen Grillgerätes zahlt er für ein Wochenende 96,00 €. Damit ihm sein Sohn hilft, verspricht er ihm einen gemeinsamen Besuch im Erlebnispark, der Eintritt beträgt zusammen 36 €.
a) Wie viele Würstchen müssen verkauft werden, um durch den Umsatz die Kosten zu decken?
b) Die Kindergartenleiterin rechnet mit dem Verkauf von 500 Würstchen. Wie hoch wäre dann der Finanzierungsbeitrag für die Schaukel?
c) Kurz vor dem Fest erhöht sich der Preis für die Großpackung Würstchen auf 35,70 €. Der Verkaufspreis soll aber weiter 1,80 € betragen, wie die Preislisten schon gedruckt sind. Wie hoch ist in diesem Falle die Break-even-Menge?

## 8.9 Deckungsbeitragsrechnung

### 8.9.1 Deckungsbeitragsrechnung 1

In einem Unternehmen für Tourismusbedarf werden u.a. Tünnes-und-Schäl-Figuren hergestellt. Die Produktionskapazitäten sind nicht ausgelastet, pro Periode fallen Fixkosten an in Höhe von 100.000 €. Soll das Unternehmen einen Auftrag über 250.000 € annehmen, obwohl die variablen Kosten dafür allein 220.000 € betragen?

142

## 8.9.2 Deckungsbeitragsrechnung 2

Dasselbe Unternehmen arbeitet bereits mit Gewinn. Überlegt wird, ob ein Zusatzauftrag "Hl. Ursula" angenommen werden soll.
Die Kosten dieses Auftrages würden sich auf 120.000 € belaufen, die anteiligen Fixkosten auf 30.000 €.
Unter welchen Annahmen ist die Durchführung des Auftrages sinnvoll?

## 8.9.3 Deckungsbeitragsrechnung 3

Ein Auftraggeber bittet um ein Angebot für einen Keramik-Bierkrug "Kölner Stadtwappen". Er ist bereit, maximal 12.- € pro Stück zu zahlen.
Die Kalkulation ergibt variable Stückkosten von 8.- € pro Stück und zusätzliche Fixkosten von insgesamt 20.000 €.
Unter welchen Bedingungen kann der Auftrag angenommen werden?

## 8.9.4 Deckungsbeitragsrechnung 4

Das Unternehmen überlegt, eine neue Maschine für den Bierkrug mit dem Motiv "Kölner Dom" anzuschaffen.
Möglicher Erlös      15.- € / Stück
Stückkosten         10.- €
Fixkosten neue Maschine 10.000 €.
Unter welcher Bedingung sollte die Maschine angeschafft werden?

## 8.9.5 Deckungsbeitragsrechnung 5

Für das neue Produkt "Kölner Dom" soll eine Werbeaktion durchgeführt werden. Sie würde 75.000 € kosten.
Wie hoch muss die dadurch erzielte Produktionssteigerung sein, wenn die Werbeaktion ein Erfolg sein soll?

## 8.9.6 Deckungsbeitragsrechnung 6

In einem Weiterbildungslehrgang mit 20 Teilnehmern, die jeweils 4.000 € Lehrgangsgebühr zahlen, fallen 50.000 € Fixkosten an.
Wie hoch dürfen die variablen Kosten pro Teilnehmer maximal sein?

8.9.7   Deckungsbeitragsrechnung 7

In einer Weiterbildungseinrichtung wird überlegt, ob ein Lehrgang stattfinden soll. Der Fachbereichsleiter hatte kalkuliert:

| | |
|---|---:|
| 30 TN Gebühren | 120.000 |
| Honorare der Dozenten | 40.000 |
| Fahrtkosten | 4.000 |
| Miete der Unterrichtsräume | 15.000 |
| Werbung | 60.000 |

Eine Woche vor Lehrgangsbeginn ist klar, dass 30 Teilnehmer nicht erreicht werden. Wie hoch muss die Teilnehmerzahl sein, damit der Lehrgang durchgeführt werden kann?

# 9 Lösungen zu den Übungsaufgaben

## 9.1 Kostenarten

a)

- Personalkosten, sinnvoll als Stundensatz einschl. Personalnebenkosten
- Fahrtkosten für Kinder und Betreuerinnen
- Eintritt
- Planungskosten (Genehmigung, Recherche, Telefon usw.)
- Werbung (Informationsbrief an die Eltern, Aushang u.ä.)
- Gemeinkosten Kindergarten (Gebäudeabschreibung, Leitung usw.)

b) Die variablen Kosten mü0ten Übernommen werden. Unmittelbar durch den Zoobesuch veranlasst sind

- Fahrtkosten
- Eintritt
- Werbung

c) Die Kosten pro Kind würden sogar dann niedriger sein, wenn die zweite Gruppe ebenfalls von einer Erzieherin und einer Helferin betreut würde:

- Die -doppelten- Personalkosten würden auf eine mehr als doppelt so hohe Zahl der Kinder verteilt (45 statt 2 x 21).
- Fahrtkosten und Eintritt sind personenbezogen und würden sich pro Person nicht verändern (unter der Annahme, dass kein höherer Gruppenrabatt eingeräumt wird).
- Planungskosten, Werbekosten und Gemeinkosten sind auf eine größere Zahl von Kindern zu verteilen.

## 9.2 Kostendegression

Bei der Verteilung der fixen Kosten auf eine steigende Menge sinken die Fixkosten pro Stück. Gleichzeitig sinken die gesamten Stückkosten, wenn von konstanten variablen Stückkosten ausgegangen wird.
Als Folge ergibt sich, dass eine möglichst hohe Kapazitätsauslastung angestrebt werden sollte.

## 9.3 Personalkosten

- Bestandteile der Personalkosten sind neben dem Gehalt
- Beiträge zur Sozialversicherung
- Bezahlte Feiertage
- Lohnfortzahlung im Krankheitsfall
- Unfallversicherung
- Mutterschutz
- Urlaub, Urlaubsgeld
- 13. Gehalt, Sonderzahlungen usw.
- Betriebliche Altersversorgung
- Vermögensbildung
- usw.

## 9.4 Bewertungsmethoden

Verbraucht wurden 800 Stück.
a) Durchschnittliche Anschaffungskosten

| Anfangsbestand | 200 Stück | zu | 30 € | = | 6.000 € |
|---|---|---|---|---|---|
| Zugang 12.4. | 400 Stück | zu | 35 € | = | 14.000 € |
| Zugang 19.4. | 100 Stück | zu | 40 € | = | 4.000 € |
| Zugang 24.4. | 200 Stück | zu | 30 € | = | 6.000 € |
| Zugang 28.4. | 100 Stück | zu | 32 € | = | 3.200 € |
| | 1.000 Stück | | | = | 33.200 € |

Durchschnittspreis: $\dfrac{33.200}{1.000} = 33,20€$

Verbrauch:          1.000 - 200 = 800

Verbrauchswert:     800 x 33,20 = 26.560 €
b) Fifo-Verfahren

| Anfangsbestand | 200 Stück | zu | 30 € | = | 6.000 € |
|---|---|---|---|---|---|
| Zugang 12.4. | 400 Stück | zu | 35 € | = | 14.000 € |
| Zugang 19.4. | 100 Stück | zu | 40 € | = | 4.000 € |
| Zugang 24.4. z.T. | 100 Stück | zu | 30 € | = | 3.000 € |

| Verbrauchswert | 800 Stück | | | | 27.000 € |
|---|---|---|---|---|---|

c) Lifo-Verfahren

| Zugang 12.4. | 400 Stück | zu | 35 € | = | 14.000 € |
|---|---|---|---|---|---|
| Zugang 19.4. | 100 Stück | zu | 40 € | = | 4.000 € |
| Zugang 24.4. | 200 Stück | zu | 30 € | = | 6.000 € |
| Zugang 28.4. | 100 Stück | zu | 32 € | = | 3.200 € |
| Verbrauchswert | 800 Stück | | | | 27.200 € |

d) Hifo-Verfahren

| Zugang 12.4. | 400 Stück | zu | 35 € | = | 14.000 € |
|---|---|---|---|---|---|
| Zugang 19.4. | 100 Stück | zu | 40 € | = | 4.000 € |
| Zugang 24.4. oder AB | 200 Stück | zu | 30 € | = | 6.000 € |
| Zugang 28.4. | 100 Stück | zu | 32 € | = | 3.200 € |
| Verbrauchswert | 800 Stück | | | | 27.200 € |

e) Lofo-Verfahren

| Anfangsbestand | 200 Stück | zu | 30 € | = | 6.000 € |
|---|---|---|---|---|---|
| Zugang 12.4. z.T. | 400 Stück | zu | 35 € | = | 14.000 € |
| Zugang 24.4. | 200 Stück | zu | 30 € | = | 6.000 € |
| Zugang 28.4. | 100 Stück | zu | 32 € | = | 3.200 € |
| Verbrauchswert | 800 Stück | | | | 25.700 € |

f) Festpreisverfahren

800 Stück zu 35 € = 28.000 €

## 9.5 Kalkulatorische Zinsen

a) Für die Berechnung der kalkulatorischen Zinsen ist der Kalkulationszinssatz zu ermitteln. Er orientiert sich an den günstigsten Konditionen auf dem Kapitalmarkt. Die günstigste alternative Anlage wäre hier ein Hypothekarkredit mit eine Verzinsung i.H.v. 6,1 %. Hinzuzurechnen wäre ein Risikozuschlag, damit wäre ein Kalkulationszinssatz i.H.v. 8 % denkbar.

b)

|   | | |
|---|---|---|
| | Nicht abnutzbares Anlagevermögen | 4.000.000 € |
| + | Vorräte | 200.000 € |
| | Betriebsnotwendiges Vermögen | 4.200.000 € |
| - | Mietvorauszahlungen | 60.000 € |
| - | Rückstellungen | 20.000 € |
| - | Verbindlichkeiten Lebensmittel | 10.000 € |
| = | Betriebsnotwendiges Kapital | 4.110.000 € |
| x | Kalkulationszinssatz (aus a)) | 8 % |
| = | Kalkulatorische Zinsen | 328.800 € |

## 9.6 Kostenverteilung

1.
- Der Anteil an der Gesamtfläche des Kindergartens sollte dem Anteil an den Reinigungskosten entsprechen.
- Der Anteil an der Nutzfläche (ohne Verkehrsflächen und Sozialräume) sollte dem Anteil an den Reinigungskosten entsprechen.
- Entsprechend der Anzahl der betreuten Kinder.
- Entsprechend der Nutzungszeit.
- Entsprechend nachgewiesenem Zeitaufwand für die Reinigung.
- andere denkbare Lösungen

2.
Das Angebot des Zivi ergibt folgende Monatsrechnung:

|   | | |
|---|---|---|
| | 500 € | Entgelt |
| + | 30 € | Verbrauchsmaterial |
| + | 10 € | Anteil Reinigungsgeräte (360 € : 36 Monate) |
| | 540 € | |

Das Angebot ist also günstiger als die bisherige Regelung.

*9.7 Betriebsabrechnungsbogen*

| Betriebsabrechnungsbogen | | Material | Station I | Station II | Verwaltung |
|---|---|---|---|---|---|
| Gehälter | 3.000 | 100 | 1.500 | 1.000 | 400 |
| Sozialabgaben | 600 | 20 | 300 | 200 | 80 |
| kalk. Abschreibungen | 10.000 | - | 4.500 | 4.500 | 1.000 |
| Stromkosten | 2.400 | 200 | 800 | 1.000 | 400 |
| | | 320 | 7.100 | 6.700 | 1.880 |
| | | └→ | 120 | - | 200 |
| | | | 7.220 | 6.700 | 2.080 |
| | | | 1.248 | 832 | ←┘ |
| | | | 8.468 | 7.532 | |
| Einzelkosten | | | 33.872 | 26.900 | |
| Zuschlagsatz | | | **25 %** | **28 %** | |

*9.8 Break-even-Analyse*

a)  Variable Stückkosten                29,40 €: 42 = 0,70 € / Würstchen
    Deckungsbeitrag pro Stück           1,80 € - 0,70 € = 1,10 €
    Fixkosten                           96,00 € + 36,00 € = 132,00 €
    Break-even-Menge                    132 € : 1,10 € = 120 Stück
    Break-even-Umsatz                   120 x 1,80 € = 216,00 €

b) 500 Stück x (1,80 € - 0,70 €) - 132,00 € = 418,00 €

c)  Variable Stückkosten                35,70 € : 42 = 0,85 € / Würstchen
    Break-even-Menge                    132 € : 0,95 € = 138,95
                                        139 Würstchen müssen verkauft werden

*9.9 Deckungsbeitragsrechnung*

9.9.1  Deckungsbeitragsrechnung 1

Ja, der Deckungsbeitrag beträgt 30.000 €.

### 9.9.2 Deckungsbeitragsrechnung 2

Annahme sinnvoll, wenn mehr als 90.000 € zu erzielen sind.

### 9.9.3 Deckungsbeitragsrechnung 3

Deckungsbeitrag 4.- € / Stück

$$\text{Gewinnschwelle} \quad \frac{20.000}{4} = 5.000 \text{ Stück}$$

### 9.9.4 Deckungsbeitragsrechnung 4

DB 5.- € / Stück

$$\text{Mindestproduktionsmenge} \quad \frac{10.000}{5} = 2.000 \text{ Stück}$$

### 9.9.5 Deckungsbeitragsrechnung 5

$$\text{Notwendige Produktionssteigerung} \quad \frac{75.000}{5} = 15.000 \text{ Stück}$$

### 9.9.6 Deckungsbeitragsrechnung 6

Teilnehmergebühr 20 x 4.000     80.000 €
Fixkosten                       <u>50.000 €</u>
                                30.000 €

$$\frac{30.000}{20 \text{ TN}} = 1.500 \text{ €}$$

150

## 9.9.7 Deckungsbeitragsrechnung 7

Die Werbungskosten sind in jedem Falle zu zahlen. Deshalb ist es sinnvoll, den Lehrgang durchzuführen, wenn mindestens die variablen Kosten gedeckt werden können.

$$\text{Mindestteilnehmerzahl} \quad \frac{59.000}{4.000} = 14,75 \quad \rightarrow 15 \text{ Teilnehmer}$$

Der Anbieter macht trotzdem einen Verlust (Gesamtkosten 119.000 € - TN-Gebühren 60.000 €), aber der ist in jedem Falle geringer als bei Absage des Lehrgangs (60.000 €).

## Abkürzungsverzeichnis

| | |
|---|---|
| € | Euro |
| Abs. | Absatz |
| AfA | Absetzung für Abnutzung |
| AO | Abgabenordnung |
| Aufl. | Auflage |
| ÄZ | Äquivalenzziffer |
| BAB | Betriebsabrechnungsbogen |
| BGBl | Bundesgesetzblatt |
| BUrlG | Bundesurlaubsgesetz |
| DB | Deckungsbeitrag |
| E | Erlöse |
| e.V. | eingetragener Verein |
| evtl. | eventuell /-e |
| ff. | (fort)folgende |
| Fifo | First in / first out |
| HGB | Handelsgesetzbuch |
| HGrG | Haushaltsgrundsätzegesetz |
| Hifo | Highest in / first out |
| Hl. | Heilige /-er |
| Hrsg. | Herausgeber |
| i.d.F.v. | in der Fassung vom |
| i.d.R. | in der Regel |
| i.H.v. | in Höhe von |
| K | Kosten |
| Kap. | Kapitel |
| Kdegr | degressive Kosten |
| Kf | Fixkosten |
| KG | Gesamtkosten |

| | |
|---|---|
| kg | Kilogramm |
| KGSt | Kommunale Gemeinschaftsstelle |
| Kif | intervallfixe Kosten |
| Kprogr | progressive Kosten |
| Kprop | proportionale Kosten |
| Kv | variable Kosten |
| Lifo | Last in / first out |
| Lofo | lowest in / first out |
| Min. | Minute /-n |
| NRW | Nordrhein-Westfalen |
| P | Preis |
| SGB | Sozialgesetzbuch |
| Std. | Stunde /-n |
| t | Zeitpunkt |
| TN | Teilnehmer /-innen |
| u.a. | unter anderem |
| u.ä. | und ähnlich /-e /-es |
| usw. | und so weiter |
| z.B. | Zum Beispiel |
| z.T. | zum Teil |
| z.Zt. | zur Zeit |
| Zivi | Zivildienstleistender |

# Literatur

Beck, R., Die Einführung einer Kosten- und Leistungsrechnung in öffentlichen Organisationen, in BBK Nr. 1 2001, S. 1349 ff.

Bundesverband der Deutschen Industrie (Hrsg.), Empfehlungen zur Kosten- und Leistungsrechnung, Bd. 1, 2. Aufl. Köln 1988

Endriss, H.W. (Hrsg.), Bilanzbuchhalterhandbuch, Herne, Berlin, 5. Aufl. 2005

Endriss/Hennies/Kluge/Raabe/Sauter, Jahresabschluss, 5. Aufl. München 2002

Hofmann, I., Kostenrechnung "light", www. voegb.at/bildungsangebote/skripten/wrm/WRM-10.pd

KGSt (Hrsg.), Auf dem Weg in das Ressourcenverbrauchskonzept: Die kommunale Bilanz, Köln, Bericht Nr. 7/1997

Mix, U. und Herweijer, M., 10 Jahre Tilburger Modell - Erfahrungen einer öffentlichen Verwaltung auf dem Weg zum Dienstleistungscenter, Bremen 1996

Ott, R., Grenzen und Lösungsansätze einer Kostenzuordnung auf Forschung, Lehre und Krankenversorgung in Universitätsklinika, Bayerisches Staatsinstitut für Hochschulforschung und Hochschulplanung, München 2003

Weber, R., Kostenmanagement für Dienstleister und Non-Profit-Unternehmen, Renningen-Malmsheim, 2. Aufl. 1999

Wöhe, G., Einführung in die allgemeine Betriebswirtschaftslehre, 21. Aufl., München 2002

# Soziale Arbeit

Karin Bock / Werner Thole (Hrsg.)

**Soziale Arbeit und Sozialpolitik im neuen Jahrtausend**

2004. 116 S. Blickpunkte Sozialer Arbeit
Bd. 4. Br. EUR 16,90
ISBN 3-8100-3917-9

Im vierten Band der Reihe „Blickpunkte Sozialer Arbeit" geht es um Zukunftsentwürfe und -trends für die Soziale Arbeit unter veränderten familialen, sozial- und arbeitsmarktpolitischen Bedingungen im neuen Jahrtausend. Folgende Fragen stehen hierbei im Mittelpunkt: Ausgehend von fehlenden Utopien für die Soziale Arbeit werden in diesem Buch Ansätze diskutiert, die vor dem Hintergrund der Geschichte Sozialer Arbeit mögliche Tendenzen und Entwicklungslinien für eine moderne, zukunftsfähige Soziale Arbeit entwerfen. Ein Rückblick auf die Soziale Arbeit im 20. Jahrhundert rundet die Diskussion ab.

Christof Beckmann / Hans-Uwe Otto / Martina Richter / Mark Schrödter (Hrsg.)

**Qualität in der Sozialen Arbeit**

Zwischen Nutzerinteresse und Kostenkontrolle
2004. 384 S. mit 4 Abb. und 4 Tab.
Br. EUR 29,90
ISBN 3-8100-3869-5

Das Buch untersucht die Frage nach der Qualität personenbezogener sozialer Dienstleistungen in Deutschland. Es ar-

beitet internationale Erfahrungen bezüglich der Strukturprobleme von Qualität für die deutsche Debatte auf. Dabei wird Qualität auf fünf Bereiche bezogen: auf Sozialpolitik, Regulation, Organisation und Evaluation.

Werner Thole (Hrsg.)

**Grundriss Soziale Arbeit**

Ein einführendes Handbuch
2002. 976 S. mit 23 Abb. und 17 Tab.
Br. EUR 39,00
ISBN 3-8100-3277-8

Als Einführung und Handbuch erschließt das Grundlagenwerk von Werner Thole Grundbegriffe und Strukturen, Problem- und Fragestellungen der Sozialen Arbeit. Der „Grundriss Soziale Arbeit" ist das sozialpädagogische Lehrbuch mit der Funktionalität eines Nachschlagewerks und ein sozialpädagogisches Nachschlagewerk mit ausgesprochenem Lehrbuchcharakter.

Erhältlich im Buchhandel oder beim Verlag.
Änderungen vorbehalten. Stand: Januar 2005.

**www.vs-verlag.de**

**VS VERLAG FÜR SOZIALWISSENSCHAFTEN**

Abraham-Lincoln-Straße 46
65189 Wiesbaden
Tel. 0611.7878-722
Fax 0611.7878-400